COM_A_3070_02. Etiquetado de mercancías

Victoria Isabel Hernández Sánchez

ic editorial

COM_A_3070_02. Etiquetado de mercancías
© Victoria Isabel Hernández Sánchez

1ª Edición

© IC Editorial, 2026

Editado por: IC Editorial
c/ Cueva de Viera, 2, Local 3
Centro Negocios CADI
29200 Antequera (Málaga)
Teléfono: 952 70 60 04
Fax: 952 84 55 03
Correo electrónico: iceditorial@iceditorial.com
Internet: www.iceditorial.com

ISBN: 979-13-7027-194-7
Depósito Legal: MA 600-2026

Impresión: PODiPrint
Impreso en Andalucía – España

Nota de la editorial: IC Editorial pertenece a Innovación y Cualificación S. L.

Presentación del manual

El **Certificado Profesional,** anteriormente llamado Certificado de Profesionalidad, constituye el Grado C en el Sistema de Formación Profesional, asociado a un perfil profesional. Acredita la capacitación para el desarrollo de una actividad profesional concreta a través de las competencias adquiridas. Tiene carácter parcial y acumulable cuando existan Ciclos Formativos (Grado D) en los que sus módulos profesionales se encuentren contenidos en su totalidad o en parte.

El elemento mínimo acreditable es el **Estándar de Competencia.** La suma de las acreditaciones de los Estándares de Competencia conforma la acreditación del **Módulo Profesional** (Grado B).

Un Estándar de Competencia se define como una agrupación de tareas productivas que realiza el profesional. Los diferentes Estándares de Competencia de un Certificado Profesional conforman la **Competencia General.** Definiendo el conjunto de conocimientos y capacidades que permiten el ejercicio de una actividad profesional determinada.

Cada Estándar o Estándares de Competencia lleva asociado un Módulo Profesional, donde se describe la formación necesaria para adquirir ese Estándar de Competencia, pudiendo dividirse en **Bloques Formativos** (Grado A).

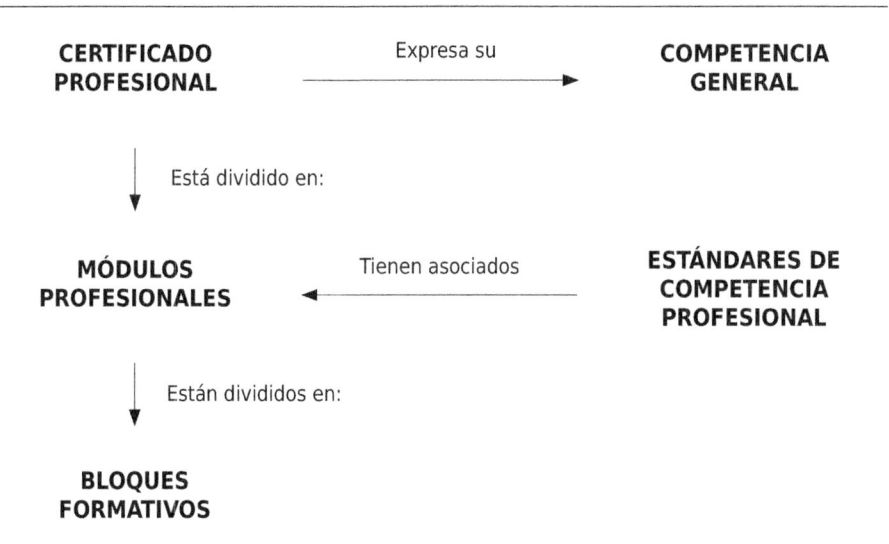

El presente manual desarrolla el Bloque Formativo **COM_A_3070_02. Etiquetado de mercancías,**

Perteneciente al Módulo Profesional **COM_B_3070. Operaciones auxiliares de almacenaje,**

Asociado al Estándar/Estándares de Competencia:

⇨ **UC1325_1:** Realizar las operaciones auxiliares de recepción, colocación, mantenimiento y expedición de cargas en el almacén de forma integrada en el equipo.
⇨ **UC0432_1:** Manipular cargas con carretillas elevadoras.

del Certificado Profesional **COM_C_001_3B. Actividades auxiliares de almacenaje.**

Compuesto de los siguientes
BLOQUES FORMATIVOS

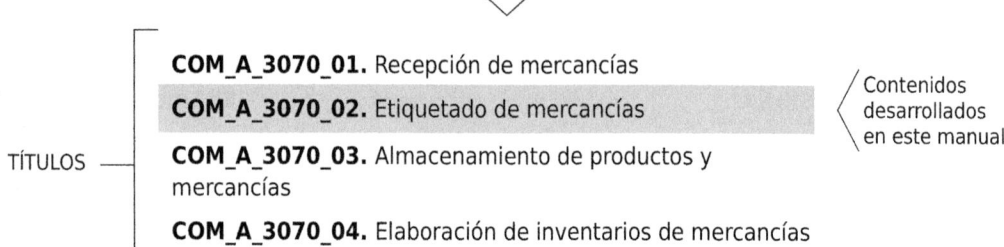

FICHA DE CERTIFICADO PROFESIONAL

COM_C_001_3B. ACTIVIDADES AUXILIARES DE ALMACENAJE
(Real Decreto 212/2025, de 18 de marzo)

COMPETENCIA GENERAL: Realizar operaciones auxiliares de almacenaje de productos y mercancías, así como las operaciones de tratamiento de datos relacionadas, siguiendo protocolos establecidos, criterios comerciales y de imagen, operando con la calidad indicada, observando las normas de prevención de riesgos laborales y protección medioambiental correspondientes.

Estándares de Competencias Profesionales		Ocupaciones o puestos de trabajo relacionados
UC1325_1	Realizar las operaciones auxiliares de recepción, colocación, mantenimiento y expedición de cargas en el almacén de forma integrada en el equipo.	• Empleados/as de reposición. • Operarios/as de pedidos. • Carretilleros/as de recepción y expedición. • Contadores/as de recepción y expedición. • Operarios/as de logística. • Auxiliares de información.
UC0432_1	Manipular cargas con carretillas elevadoras.	
UC0973_1	Introducir datos y textos en terminales informáticos en condiciones de seguridad, calidad y eficiencia.	
UC0974_1	Realizar operaciones básicas de tratamiento de datos y textos, y confección de documentación.	

Correspondencia con el Catálogo Modular de Formación Profesional		
Módulos profesionales	**Bloques formativos**	**Horas**
COM_B_3001. Tratamiento informático de datos (285 h)	COM_A_3001_01. Preparación de los equipos	50
	COM_A_3001_02. Grabación de datos y textos	90
	COM_A_3001_03. Tratamiento de textos	90
	COM_A_3001_04. Archivo e impresión	55
COM_B_3002. Aplicaciones básicas de ofimática (320 h)	COM_A_3002_01. Tramitación de información en línea	50
	COM_A_3002_02. Comunicaciones mediante correo electrónico	75
	COM_A_3002_03. Hojas de cálculo	135
	COM_A_3002_04. Elaboración de presentaciones gráficas	60
COM_B_3070. Operaciones auxiliares de almacenaje (140 h)	COM_A_3070_01. Recepción de mercancías	30
	COM_A_3070_02. Etiquetado de mercancías	20
	COM_A_3070_03. Almacenamiento de productos y mercancías	30
	COM_A_3070_04. Elaboración de inventarios de mercancías	30
	COM_A_3070_05. Preparación de pedidos	30
1782. Prevención de riesgos laborales		30

Índice

OBJETIVOS GENERALES

Los objetivos generales del título **COM_A_3070_02. Etiquetado de mercancía,** son los siguientes:

- Identificar diferentes sistemas de codificación de mercancías.
- Describir los contenidos y significados de los códigos.
- Consultar un índice de códigos en una base de datos de almacén.
- Etiquetar mercancías con el código de forma visible.
- Indicar condiciones de manipulación y conservación de los productos.
- Describir la trazabilidad de las mercancías a partir de la etiqueta y documentos de control.
- Realizar el alta en el registro de *stocks* utilizando aplicaciones informáticas.
- Respetar y aplicar las medidas de prevención y seguridad de riesgos laborales en el almacén.

Etiquetado y codificación de mercancías

Contenido

Objetivos

Los objetivos específicos de esta Unidad de Aprendizaje son:

→ Interpretar la información y elementos básicos de la documentación, órdenes de trabajo y registro habituales de las operaciones propias del almacén tales como recepción, almacenaje, carga u otras.

→ Dominar los equipos básicos de etiquetado, localización y recuento propios de las actividades y operaciones del almacén cumpliendo las normas de seguridad y salud.

1. Introducción

En la cadena de suministro moderna, la identificación de las mercancías es un pilar fundamental para garantizar la eficiencia logística y la trazabilidad. Por esta razón, en el momento en el que recibimos la mercancía, para poder almacenarla, antes tenemos que realizar una rutina que podemos expresar de forma muy resumida en tres pasos: inspeccionar, codificar y etiquetar. El etiquetado y la codificación permiten que cada producto o unidad de carga (caja, palé) sea único e inequívocamente reconocido por los operarios y por los sistemas automatizados.

Marisa tiene una tienda *online* de moda de lujo. Su propuesta de valor está basada en la artesanía y exclusividad de la ropa, calzado y complementos disponibles en su *e-commerce*: Luxury & Fashion. Se enfrenta a un reto logístico crucial para que su tienda *online* funcione: la identificación. Acaba de recibir 100 pares de zapatos de su taller artesanal, listos para la venta, y varias entregas de proveedores (pieles, suelas, tacones y las cajas de cartón de acabado satinado en negro mate, serigrafiadas con su logo en dorado, para los envíos), y necesita un sistema que le diga, de forma inequívoca, qué producto es, cuántas unidades tiene y dónde está exactamente en la estantería. Marisa debe dominar el etiquetado y la codificación. A lo largo de esta unidad, la acompañaremos en este paso fundamental para profesionalizar su almacén y asegurar la trazabilidad total de sus artículos.

2. Sistemas de codificación

👉 HILO CONDUCTOR

Marisa es consciente de que un error en la identificación de una caja puede llevar a un envío incorrecto. Una *boutique* de moda de lujo como la suya se caracteriza por tener clientes muy exclusivos y exigentes, por lo que no puede permitirse clientes insatisfechos, porque incide directamente en su reputación *online* y en su facturación. Sabe que la eficiencia de su nuevo almacén y el éxito de su tienda *online* dependen directamente de implementar un sistema de codificación sin fisuras, garantizando que cada artículo sea unívocamente reconocido.

La **etiqueta** es un elemento clave a la hora de reducir el riesgo de errores en la operativa del almacén y contribuye positivamente en la productividad. En ella se recoge información fundamental, que va desde el código de identificación del artículo hasta atributos logísticos (como peso o volumen) o datos esenciales de expedición (remitente o destino).

La correcta asignación de un **código** único identificativo en la etiqueta permite asegurar la trazabilidad de los productos, a lo largo de toda la cadena de suministro, desde que entran hasta que salen del almacén, pasando por fases críticas como el *picking* o la expedición.

Para alcanzar el **objetivo de operativa eficiente en las operaciones de almacenaje,** es determinante *conocer y controlar los procesos de codificación y etiquetado,* y, con ello, hacerlo *de forma correcta.* En los siguientes apartados, profundizaremos acerca de dichos procesos, para conocer en qué consisten y cómo funcionan.

A continuación, nos centraremos en comprender estos mecanismos de identificación. El objetivo principal es adquirir las competencias para:

1. Identificar los diferentes sistemas de codificación utilizados en el sector logístico, comprendiendo el significado exacto de los códigos.

2. Diferenciar los tipos de etiquetas según su función y soporte.

3. Aplicar las normas de colocación visible del código y la etiqueta, garantizando una gestión óptima del *stock* a través de la consulta en bases de datos o *sistemas de gestión de almacén* **(SGA).**

Dominar estos conceptos es esencial para realizar las operaciones de recepción y expedición con precisión y rapidez, minimizando errores, costes y asegurando la integridad de las mercancías a lo largo de su **ciclo de vida,** hasta que llegan al cliente, consumidor o usuario final.

El **proceso de codificación** consiste en asignar un conjunto de caracteres (números, letras o una mezcla de ambos) a cada producto, bulto o unidad de carga, para su identificación única e inequívoca. De ahí el concepto de **unívoco,** lo cual quiere decir que actúa como una *matrícula única* que permite al *sistema de información y gestión* (SGA) rastrear, contar y gestionar el artículo sin confusiones, duplicidades, ni errores.

2.1. Tipos de codificación

Los códigos se pueden clasificar atendiendo a su contenido y a su ámbito de aplicación. Desde el **punto de vista de la información que contienen,** podemos distinguir entre:

Codificación significativa
- Implica que el código en sí mismo aporta información relevante sobre el producto, ya que incorpora una estructura lógica, de modo que cada parte o dígito del código arroja datos sobre las características, categoría, proveedor, fecha de fabricación, lote y ubicación.

Codificación no significativa
- Son los códigos que no ofrecen información directa sobre las características del artículo al que identifican; su única función es ser una referencia única. Habitualmente se suelen usar para la gestión interna de una empresa.
- Este tipo de codificación, aunque es simple y fácil de aplicar, presenta el inconveniente de que los fallos son difícilmente subsanables; son errores que pueden impedir esa eficiencia operativa que se persigue en todo almacén.

Codificación automática
- Aplicando sistemas como los estándares GS1, el sistema de codificación más extendido a nivel mundial en la cadena de suministro.

 **EJEMPLO**

Veamos un ejemplo de cómo Luxury & Fashion podría codificar un artículo, unas botas de piel, talla 38, usando los tres sistemas:

Tipo de codificación	Ejemplo práctico (Botas Piel Talla 38)	Análisis del ejemplo
Codificación significativa	BOTA-PIEL-T38-PAS01	**Aporta información directa.** Es un código 100 % interno de Luxury & Fashion. Un operario experimentado puede "leerlo" sin necesidad de un escáner y saber que es una bota, de piel, talla 38, ubicada en el pasillo 01. No es un estándar y no sirve fuera del almacén de Marisa.

Continúa en página siguiente >>

<< Viene de página anterior

Tipo de codificación	Ejemplo práctico (Botas Piel Talla 38)	Análisis del ejemplo
Codificación no significativa	Ref.: 001-000030	**No aporta información directa.** Es un código interno que funciona como una "matrícula" única. Los números 001-000030 no significan nada a simple vista; no hay rastro de la talla, el material o el tipo de producto. El operario necesita consultar el SGA para que el sistema le traduzca que la "Ref.: 001-000030" corresponde a las "Botas Piel Talla 38".
Codificación automática	8412345001015 (GTIN-13)	**Aplica un estándar global (GS1).** Este es el código de barras que Marisa usaría para vender el producto en *marketplaces* o tiendas. Aunque a simple vista parece no significativo (no lees "Bota"), sí tiene una estructura lógica estándar (**84** = país GS1, **12345** = empresa Luxury & Fashion, **00101** = artículo, **5** = control). Su función es garantizar la identificación única a nivel mundial.

El **sistema de estándares SG1** está diseñado para **identificar, capturar y compartir** información de manera estandarizada entre empresas de todo el mundo, garantizando así la interoperabilidad logística. En la propia web de **GS1 Spain** definen sus estándares como el «proceso que engloba toda la cadena de valor OmniCanal y permite a las empresas comunicarse con múltiples proveedores y clientes de una única forma, es decir, con un mismo lenguaje».

Y ese lenguaje con criterio de unicidad global está basado en un conjunto de **claves de identificación GS1** (GS1 Identification Keys o GS1 IK) que permiten a las empresas:

- ⮑ dotar de un nombre a sus productos antes de lanzarlos al mercado (**GTIN**),
- ⮑ de autodenominarse (punto operacional) (**GLN**), y
- ⮑ nombrar el bulto donde va transportado el producto (**SSCC**).

Que, precisamente, serán las principales claves que gestionará un operario de almacén.

En la siguiente tabla, se puede apreciar de forma agrupada y ordenada:

Clave GS1	Nombre	Función	Ámbito de aplicación
GTIN	**Global Trade Item Number**	Identificación de **productos** o artículos comerciales	Uso en punto de venta y en logística
GLN	**Global Location Number**	Identificación de **ubicaciones** físicas o legales	Identificación de almacenes, muelles, empresas
SSCC	**Serial Shipping Container Code**	Identificación de la **unidad logística** (paletizada)	Seguimiento y trazabilidad del palé

Para identificar estos códigos, existen una serie de sistemas de identificación electrónica de productos. Entre los más destacados encontramos:

- ⮐ Los códigos planos o de una dimensión: los códigos de barras.
- ⮐ La etiqueta electrónica o identificación por radiofrecuencia: RFID.
- ⮐ Los códigos bidimensionales: QR y DataMatrix.

 **VÍDEO**

En el siguiente vídeo, podrás ver en qué consisten los estándares de SG1 de una forma muy sencilla:

https://redirectoronline.com/3070020101

2.2. El sistema de estándares GS1

El **código de barras** es un sistema uniformado globalmente para identificar productos, unidades comerciales y logísticas. En su formato, podemos distinguir dos partes:

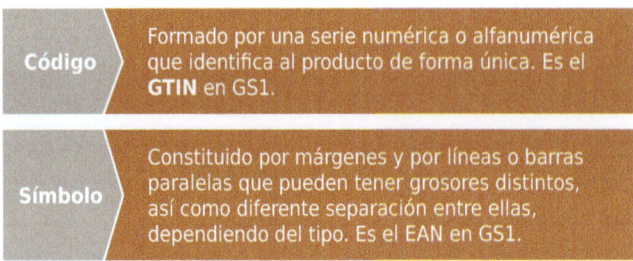

Este sistema estandarizado, que en España está gestionado y controlado por la **AECOC** (Asociación Española de Codificación Comercial), facilita la comunicación mediante el **intercambio electrónico de datos (EDI),** optimizando la cadena de suministro y reduciendo costes. Se fundamenta en tres pilares: **identificar, capturar** y **compartir** información.

Los principales códigos de identificación y simbologías dentro de los estándares GS1 son esenciales para el etiquetado de mercancías.

GTIN (Global Trade Item Number)

El GTIN es el código utilizado para identificar los productos en cualquier nivel de *packaging* (unidad de consumo, caja, palé). Es una de las claves de **identificación** de GS1 y **solo es posible su generación si previamente se ha solicitado un GCP,** que es el **prefijo GS1 de empresa.**

Se presenta en distintas longitudes o tamaños:

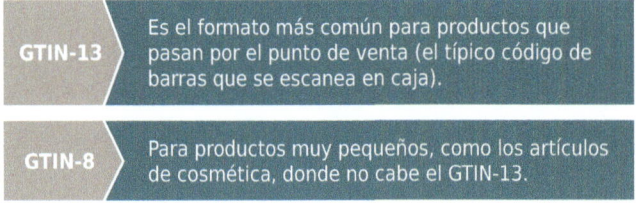

Continúa en página siguiente >>

<< Viene de página anterior

GTIN-14	Utilizado para la identificación de agrupaciones de productos o cajas logísticas (cajas que no se venden unitariamente en el punto de venta) del mismo producto. Se suele representar mediante la simbología ITF-14. Se genera a partir del producto identificado con GTIN-13, añadiendo delante una variable logística (VL).

Pero, antes de profundizar en cada uno de ellos, debemos tener en cuenta dos conceptos: el dígito de control y los prefijos internacionales. Ambos criterios deben aplicarse tal y como se establecen en las webs de la **AECOC** y **SG1 Spain,** como entidades gestoras del procedimiento de codificación, etiquetado y la estandarización del proceso.

PARA SABER MÁS

El dígito de control es una cifra de verificación, un método que permite controlar los errores para los sistemas de control del etiquetado, como, por ejemplo, los lectores de códigos de barras y los SGA, asegurando, con total garantía, unas lecturas correctas. Siendo socio de la AECOC, se puede obtener de forma automática mediante su *software* AECOC ACTIVATE; en caso contrario, se consigue con un cálculo matemático sencillo.

En los siguientes enlaces puedes ver cómo se realiza el cálculo:

https://redirectoronline.com/3070020102

Continúa en página siguiente >>

<< Viene de página anterior

https://redirectoronline.com/3070020103

 PARA SABER MÁS

Los prefijos internacionales están estipulados por la AECOC|GS1 *Spain.* En el siguiente enlace puedes ver qué código corresponde a España y la tabla con los principales prefijos:

https://redirectoronline.com/3070020104

 SABÍAS QUE...

El código de barras se inspiró en el código morse. Como anécdota, la idea del código de barras nació en 1948, cuando Bernard Silver y Norman Woodland (sus inventores) buscaban un sistema para automatizar el cobro en supermercados. Se dice que Woodland tuvo la inspiración en la playa, dibujando en la arena los puntos y rayas del código morse y pensando cómo alargarlos verticalmente para crear "barras".

 **VÍDEO**

En el siguiente enlace, puedes ver un vídeo muy ilustrativo y explicativo de la AECOC sobre cómo obtener un código de barras. Haz clic y accede:

https://redirectoronline.com/3070020105

GLN (Global Location Number) o punto operacional

El GLN es un código de 13 dígitos que permite identificar de forma unívoca, es decir, de forma única y no ambigua, a entidades legales (una empresa) y a ubicaciones físicas (un almacén completo, un muelle de carga, una sección del almacén). Es fundamental para el **intercambio electrónico de datos (EDI)**, ya que permite al sistema de gestión de almacén (SGA) saber quién es el remitente y quién el destinatario en un mensaje.

SSCC (Serial Shipping Container Code)

Es un código de 18 dígitos que identifica de forma única una unidad de transporte o almacenamiento, que contiene una o varias cajas, siendo la clave esencial para la trazabilidad de la unidad logística, como el palé, para que el lector de código de barras identifique al instante toda la carga, lo que facilita enormemente el registro de la mercancía recibida o expedida.

GS1-128

El sistema GS1-128 merece especial atención en el almacén, ya que, mediante los **identificadores de aplicación (IA)** (prefijos numéricos establecidos por la **AECOC|GS1 Spain),** se clasifica la información contenida en la etiqueta de expedición. Sirve para codificar agrupaciones logísticas, como palés.

 PARA SABER MÁS

Los identificadores de aplicación (IA) definen el significado de los datos que le siguen y su formato. Haz clic en el siguiente enlace y verás en qué consisten y cuáles son los principales:

https://redirectoronline.com/3070020106

 EJEMPLO

El código GS1-128 es esencial en el almacén porque permite combinar varios tipos de información logística y de producto en una sola etiqueta, usando los identificadores de aplicación (IA).

Imagina que acaba de llegar a tu almacén un palé de un proveedor que contiene 120 cajas de tomate RAF de la Vega de Almería. El palé lleva una sola etiqueta GS1-128 con los datos:

Identificador aplicación (IA)	Dato codificado	Significado de la información
(00)	841234500000000105	SSCC (código seriado de la unidad de envío). La "matrícula" única del palé para su trazabilidad.

Continúa en página siguiente >>

<< Viene de página anterior

Identificador aplicación (IA)	Dato codificado	Significado de la información
(01)	84567890123457	GTIN (número global de artículo comercial). Código del producto individual (tomate RAF).
(10)	LOTE-202512	Número de lote. Indica que todas las cajas de ese palé pertenecen a la producción de diciembre de 2025.
(15)	260101	Fecha de consumo preferente o caducidad. Indica que el producto goza de calidad hasta el 01 de enero de 2026.

Gracias a esta única etiqueta, al escanearla, el SGA ya sabe que ha entrado el palé 841234500000000105, que contiene el producto 84567890123457 y, lo más importante, que es del lote 202512, lo que permite una trazabilidad instantánea de toda la carga y un control de *stock* más eficiente.

- -

Tecnología RFID

Dentro de los sistemas de identificación electrónica de productos, nos encontramos con las etiquetas electrónicas, las RFID. Funcionan como códigos *antifalsificación,* son legibles a distancia, sin contacto visual. Llevan incorporado un *chip microelecrónico,* donde se almacenan los datos del código, y una antena a la que va adherido, la cual transmite la información mediante ondas o campos de frecuencia.

Los almacenes automatizados cuentan con SGA, un *software* que necesita lectores de códigos. Los códigos de barras no pueden distinguir entre unidades con el mismo número de referencia, ni la caducidad, lo cual es solventado gracias a la tecnología RFID, dotando al proceso de total fiabilidad.

PARA SABER MÁS

En el siguiente enlace de la AECOC, puedes ampliar información sobre el funcionamiento de las etiquetas de identificación por radiofrecuencia RFID:

https://redirectoronline.com/3070020107

Los códigos bidimensionales: QR y DataMatrix

Los **códigos bidimensionales o 2D** están destinados para la lectura a través de escáneres omnidireccionales o de tipo cámara. Pueden almacenar una gran cantidad de datos en un área muy pequeña; además, permiten una lectura ágil y fiable como consecuencia de incorporar un patrón de localización y un reloj de rastreo.

Estos son:

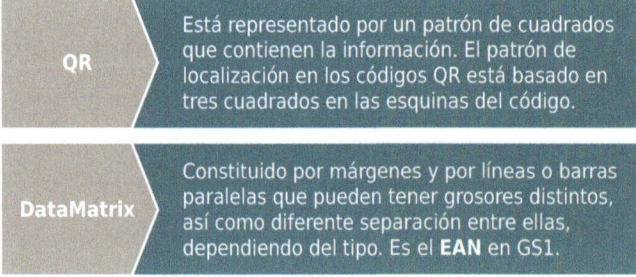

QR	Está representado por un patrón de cuadrados que contienen la información. El patrón de localización en los códigos QR está basado en tres cuadrados en las esquinas del código.
DataMatrix	Constituido por márgenes y por líneas o barras paralelas que pueden tener grosores distintos, así como diferente separación entre ellas, dependiendo del tipo. Es el **EAN** en GS1.

 **PARA SABER MÁS**

En el almacén, te encontrarás tanto con códigos QR, como DataMatrix. Aunque parezcan similares, no se usan para lo mismo.

- **DataMatrix.** Es ideal para la industria. ¿Por qué? Porque puede almacenar mucha información en un espacio muy pequeño (perfecto para marcar piezas pequeñas, como componentes electrónicos o quirúrgicos) y tiene una alta tolerancia a errores (aunque esté dañado o arañado, se suele poder leer).
- **Código QR.** Es el rey del *marketing* y la logística de consumo. Es de estándar abierto (gratis) y puede almacenar más información (como enlaces web). Es el que usas para ver la carta de un restaurante.

Amplía información sobre sus diferencias técnicas y usos en el siguiente enlace:

https://redirectoronline.com/3070020108

3. Etiquetas: tipos y funciones

 HILO CONDUCTOR

Una vez que Marisa ha entendido los códigos (como el GTIN-13, para sus cajas de zapatos, o el SSCC, para los palés que envía a un distribuidor), se enfrenta a la parte física del proceso: la etiqueta.

¿Qué tipo de soporte necesita?

¿Una etiqueta de papel adhesiva (soporte óptico) será suficiente para las cajas de los zapatos?

Continúa en página siguiente >>

<< Viene de página anterior

¿Y para las estanterías de su almacén, quizás necesite soportes magnéticos que pueda mover?

Además, debe asegurarse de que la información sea clara y esté colocada en el lugar más visible, para que la lectura con el escáner sea rápida y sin errores.

La **etiqueta** es el soporte físico o electrónico que permite la lectura de la codificación, facilitando la identificación y proporcionando al operario, o al consumidor, información detallada del producto. Para ello, deben ser colocadas en el lugar más visible de la mercancía.

Entre los **soportes de etiquetas** podemos distinguir los siguientes:

Soportes ópticos	Fabricados en papel o material similar que contienen el código alfanumérico legible por el operario o un código de barras legible a través de un lector para códigos de barras.
Soportes magnéticos	Este tipo de soportes incorpora unas bandas magnéticas que permiten su aplicación sobre cualquier superficie metálica, como las estanterías.
Soportes inductivos	Este tipo de soportes incorpora unas bandas magnéticas que permiten su aplicación sobre cualquier superficie metálica, como las estanterías.

3.1. Tipos y funciones de las etiquetas

En el almacén y la cadena de suministro, distinguimos varios tipos de etiquetas según la función de la información que contienen:

Etiquetas de contenido
- Su función es **identificar el paquete** o lote **sin necesidad de abrirlo**, debido a que este tipo de etiquetas **contiene información básica,** como descripción de la mercancía, características principales, número de unidades en el lote y el número de artículos que componen la unidad de venta.

Continúa en página siguiente >>

<< Viene de página anterior

Etiquetas de manipulación o uso
- Ofrecen **información vital para la seguridad y la correcta manipulación.**

Etiquetas de procedencia y destino
- Facilitan la **información necesaria para el transporte y los trámites aduaneros o fiscales.**
- Contienen **datos de origen** (fabricante/almacén), **número de envío** y **bultos, compañía de transporte** y **datos del cliente** o **almacén de destino.**

 **EJEMPLO**

Expedición de Luxury & Fashion: un cliente ha pedido tres pares de botas artesanales de piel. El operario de *picking* recoge las botas, las embala y procede a etiquetar la caja de envío:

- Etiqueta de procedencia y destino: contiene la dirección del cliente, el número de envío y el transportista. Es la clave para que llegue al lugar correcto.
- Etiqueta de contenido: muestra el número de referencia del pedido y que contiene "3 pares de botas de piel".
- Etiqueta de manipulación - Informativa: el operario, sabiendo que el producto es delicado y de alto valor, añade un pictograma o texto que dice: "Muy frágil". Esto alerta a todos los operarios y transportistas en la cadena de suministro sobre la necesidad de un cuidado extra.

A su vez, las **etiquetas de manipulación o uso** pueden ser de tres tipos:

Etiquetas de peligrosidad
Obligatorias para bultos con productos peligrosos. Su formato (color, tamaño, contenido) está regulado por normativas de la ONU y se basan en símbolos gráficos para garantizar la comprensión universal (rotulado).

Etiquetas de consumo
Incluyen datos sobre la fecha de fabricación, caducidad o consumo preferente, además de ingredientes o componentes.

Continúa en página siguiente >>

<< Viene de página anterior

> **Etiquetas informativas**
> Instrucciones de manipulación, transporte o utilización del producto (ej. "Mantener en posición vertical", "Muy frágil").

Además de la mercancía, **la codificación en logística se extiende a los sistemas de almacenaje y ubicaciones,** como es el caso de las **estanterías y pasillos** del almacén, que se codifican con etiquetas autoadhesivas alfanuméricas para agilizar las operaciones internas y el control de *stock*.

3.2. El etiquetado y la gestión de la trazabilidad

Cuando un producto o unidad de carga llega a un centro de distribución, antes de ser almacenado, se le asigna un código de identificación interna. El objetivo final del etiquetado es la vinculación de la mercancía con su información digital (incluida en los códigos) para poder acceder a ella mediante un sistema de gestión de almacén o SGA, permitiendo al operario de almacén consultar el índice de códigos y obtener datos útiles para su operativa:

- **Localizar el artículo:** conocer la ubicación exacta del producto.
- **Obtener información detallada del artículo:** como sus características físicas y logísticas, nivel de *stock*, rotación, etc.
- Realizar el **alta en el registro de *stocks*:** lo cual permite controlar el *stock* y garantizar la trazabilidad a lo largo de toda la cadena de suministro.

3.3. Requisitos de colocación de las etiquetas

Para que el **etiquetado cumpla su función** y permita una lectura rápida y eficiente, especialmente por los lectores automáticos, es fundamental la colocación correcta:

- **Visibilidad.** Las etiquetas deben situarse en el lugar más visible para facilitar la lectura óptica o automática.
- **Múltiples caras.** Se recomienda etiquetar las agrupaciones logísticas (cajas, palés) en dos caras adyacentes como mínimo. Esto asegura que, independientemente de la posición del bulto en la cadena de suministro, su código pueda ser leído.
- **Posicionamiento específico.** En el caso de los símbolos GS1-128, se deben respetar ciertas distancias mínimas para asegurar la lectura: 32 mm

desde la base de la caja o palé y 19 mm desde las aristas verticales, incluyendo márgenes claros.

⊃ **Legibilidad humana.** Toda la información codificada en barras debe estar también impresa en caracteres legibles por el hombre justo debajo del símbolo, para facilitar la introducción manual de datos en caso de fallo del escáner.

 TAREA 1

Marisa ha implementado con éxito en Luxury & Fashion su nuevo sistema de gestión de almacén (SGA). Hoy ha recibido la entrada de un nuevo producto listo para la venta: el "Zapato Mocasín Modelo Princetown HOT - Talla 43" - 100 uds.

El SGA ha generado automáticamente el código para este nuevo artículo (GTIN- 13) y ha registrado la entrada de 100 unidades del lote 2025-A1.

Tu tarea, como operario de almacén, es auditar el proceso de etiquetado y registro de este nuevo producto. Para ello, dispones de la siguiente información:

1. Captura de pantalla (simulada) del SGA:

SGA - LUXURY & FASHION (consulta de artículo)	
Artículo	Zapato Mocasín Modelo Princetown HOT - T43
GTIN-13	8412345000321
Lote	2025-A1
Stock actual	100 unidades
Ubicación	PAS-02-EST-04-ALT-01

2. Etiquetas generadas por el sistema:

· Etiqueta 1 (para la caja individual del zapato): un código de barras estándar GTIN-13 con la numeración 8412345000321.
· Etiqueta 2 (para el palé de expedición): una etiqueta logística GS1-128 que contiene agrupados los siguientes datos:

(01) 08412345000321 (10) 2025-A1 (00) 841234567890123456.

Continúa en página siguiente >>

<< Viene de página anterior

Tareas que realizar:

1. Identifica los sistemas de codificación estándar que está usando Marisa para la etiqueta 1 (caja) y la etiqueta 2 (palé).
2. Describe el contenido y la estructura (el significado) del código de la etiqueta 1 (8412345000321). Indica qué representa cada bloque de números (suponiendo que 12345 es el prefijo de empresa de Luxury & Fashion).
3. Describe el contenido y el significado de los datos que aparecen en la etiqueta 2 (GS1-128). ¿Qué información nos están dando los identificadores de aplicación (IA) (01), (10) y (00)?
4. Consulta (simulada) de la base de datos. Si coges un terminal de radiofrecuencia (escáner) y lees el código de barras de la etiqueta 1 en una caja de zapatos, ¿qué información esperarías que apareciese en tu pantalla? ¿Por qué es crucial esta consulta al SGA?
5. Etiquetado visible. Marisa te pide que prepares el palé (etiqueta 2) para enviarlo a un gran distribuidor. Describe de forma detallada dónde y cómo debes colocar la etiqueta 2 (GS1-128) en el palé para cumplir con los estándares de visibilidad y garantizar una lectura rápida y sin errores.

 ## ACTIVIDAD COMPLEMENTARIA

3. Marisa está entusiasmada con el crecimiento de Luxury & Fashion. Ha contactado con un importante *marketplace* (como Amazon o Zalando) para vender sus artículos en la plataforma. Sin embargo, el *marketplace* le ha enviado un requisito técnico indispensable: "Todos los productos deben tener su propio y único código GTIN (Global Trade Item Number), el código de barras GTIN-13, para poder darlos de alta en nuestro catálogo".

Marisa está perdida. Ella pensaba que esos códigos se podían inventar o que el SGA los generaba automáticamente. Ahora descubre que necesita un "pasaporte" oficial para sus productos.

Investiga qué organización española es la responsable de asignar estos códigos estándar globales a nivel nacional.

----

4. Resumen

El **etiquetado de mercancías** es un proceso crítico en la logística moderna que facilita la identificación, reduce errores y sustenta la trazabilidad a lo largo de la cadena de suministro.

La **codificación** se realiza mediante caracteres que pueden ser significativos o no, siendo los estándares GS1 (EAN/UPC, GTIN, GS1-128, ITF-14, SSCC) la base de la identificación global y el vehículo para describir los contenidos de los códigos. Estos códigos son leídos por dispositivos de captura y enlazan directamente con la base de datos del almacén, lo que nos permite dar de alta inventario, conocer la ubicación exacta y garantizar el control total de la trazabilidad.

Para finalizar, repasamos que las **etiquetas** tienen funciones específicas (contenido, manipulación, destino) y es recomendable que estén colocadas en zonas visibles.

Para asociar conceptos de forma rápida y visual, a continuación, tienes el siguiente esquema:

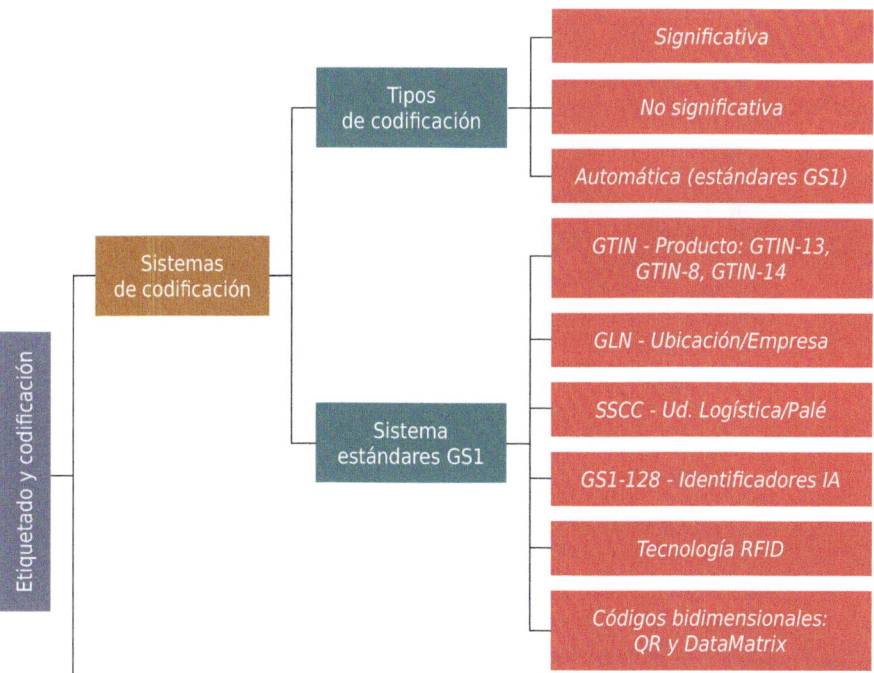

Continúa en página siguiente >>

<< Viene de página anterior

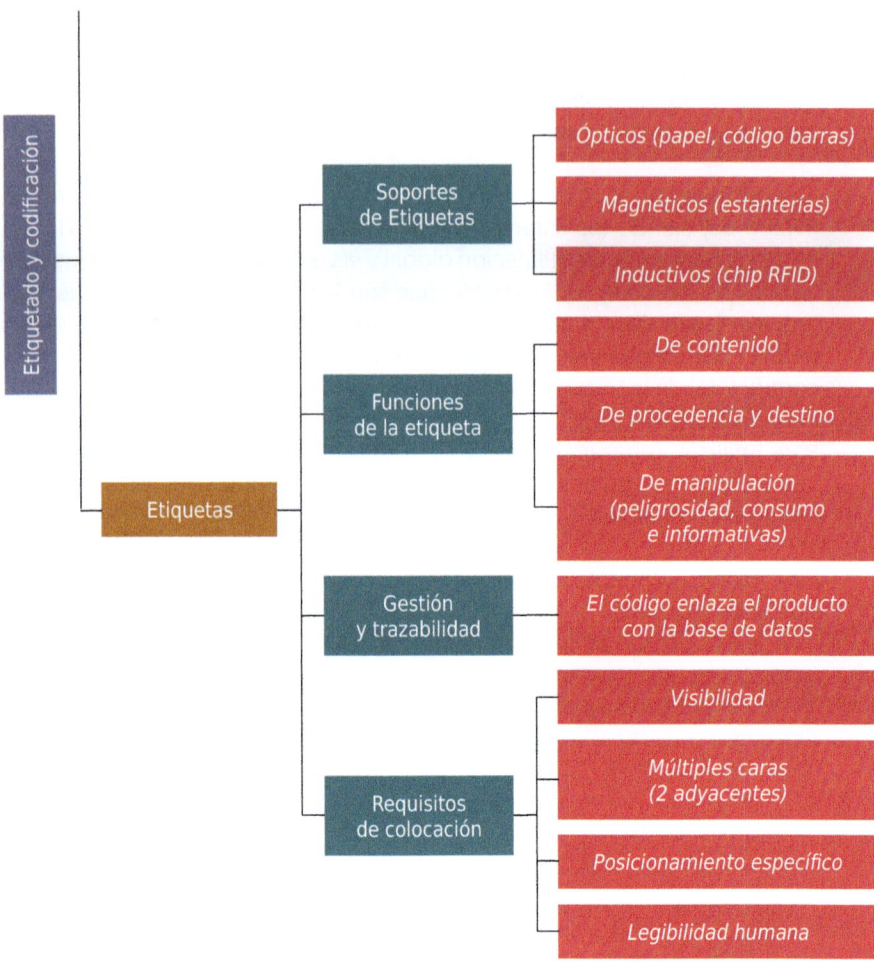

Ejercicios de autoevaluación
Unidad de Aprendizaje 1

1. ¿Cuál es el orden correcto de los tres pasos rutinarios que se realizan al recibir la mercancía en el almacén?

    a. Etiquetar, inspeccionar, codificar.
    b. Inspeccionar, codificar, etiquetar.
    c. Codificar, almacenar, inspeccionar.
    d. Inspeccionar, almacenar, etiquetar.

2. Si Calzados Pisafuerte utiliza un código interno como "BOTA-PIEL-T42-EST10" para identificar un producto, ¿qué tipo de codificación está aplicando?

    a. Codificación significativa
    b. Codificación no significativa
    c. Codificación automática GS1
    d. Codificación RFID

3. ¿Qué clave de identificación GS1, de 18 dígitos, se utiliza para identificar de forma única una unidad logística de envío, como un palé?

    a. GLN (Global Location Number)
    b. GTIN-14 (Global Trade Item Number)
    c. GS1-128
    d. SSCC (Serial Shipping Container Code)

4. En la estructura de un código GTIN-13 (ej.: 8412345678904), ¿qué representan los primeros dígitos, como el 84?

    a. El país donde se ha fabricado el producto
    b. El prefijo GS1 del país que asignó el código (ej. GS1 Spain/AECOC)
    c. La referencia interna del artículo
    d. El dígito de control

5. ¿Cuál es la principal ventaja y característica del código de barras GS1-128, fundamental en logística?

   a. Que utiliza identificadores de aplicación (IA) para agrupar múltiples datos (lote, caducidad, SSCC) en un solo símbolo.
   b. Que puede almacenar enlaces a páginas web, como un QR.
   c. Que es el único código que pueden leer los SGA.
   d. Que se imprime con una tinta especial magnética.

6. En el cálculo manual del dígito de control (el último dígito) de un código GTIN-13, ¿cuál es el método correcto?

   a. Sumar todos los 12 primeros dígitos y quedarse con el último número de la suma.
   b. Multiplicar los dígitos en posición par por 1 y en posición impar por 3 (contando de derecha a izquierda), sumar los resultados y restar de la decena superior.
   c. Multiplicar los dígitos en posición par por 3 y en posición impar por 1 (contando de derecha a izquierda), sumar y restar de la decena superior.
   d. Es un número aleatorio asignado por AECOC.

7. ¿Qué tecnología de identificación utiliza un microchip y una antena, y permite lecturas a distancia sin contacto visual directo con el escáner?

   a. GS1 DataMatrix
   b. GS1-128
   c. Tecnología RFID (identificación por radiofrecuencia)
   d. Soporte magnético

8. Un operario coloca una etiqueta en la estantería metálica de una ubicación del almacén. Esta etiqueta tiene una banda imantada para poder cambiarla de sitio fácilmente. ¿Qué tipo de soporte es?

   a. Soporte óptico
   b. Soporte magnético
   c. Soporte inductivo
   d. Soporte de destino

9. **Una etiqueta que muestra pictogramas de "Muy frágil" o "Mantener en posición vertical", ¿qué función principal cumple?**

    a. Función de contenido
    b. Función de procedencia y destino
    c. Función de manipulación o uso (informativas)
    d. Función de peligrosidad

10. **Según los requisitos de colocación para asegurar la correcta lectura de una etiqueta logística (ej. GS1-128 en un palé), ¿cuál es la recomendación estándar?**

    a. Colocarla en, al menos, dos caras adyacentes (ej. frontal y lateral).
    b. Colocarla solo en la cara superior, para que se vea desde arriba.
    c. Colocarla en la parte inferior, debajo del film, para protegerla.
    d. Colocarla en una sola cara, la que el operario elija.

Sistemas de control del etiquetado

Contenido

Objetivos

Los objetivos específicos de esta Unidad de Aprendizaje son:

→ Interpretar la información y elementos básicos de la documentación, órdenes de trabajo y registro habituales de las operaciones propias del almacén tales como recepción, almacenaje, carga u otras.

→ Manejar equipos básicos de etiquetado, localización y recuento propios de las actividades y operaciones del almacén cumpliendo las normas de seguridad y salud.

→ Dominar cómo se realizan las altas en el registro de *stocks*.

→ Describir la trazabilidad de las mercancías a partir de la etiqueta y documentos de control.

→ Indicar las condiciones de manipulación y conservación de los productos.

1. Introducción

Una etiqueta, por muy bien diseñada y colocada que esté, no sirve de nada si no podemos leerla, controlarla y gestionar la información que contiene.

A continuación, analizaremos las herramientas de *hardware* que nos permiten capturar esa información, como los lectores de códigos de barras, los terminales de radiofrecuencia y los sistemas RFID. Estudiaremos cómo esta tecnología se conecta con el "cerebro" del almacén, el SGA (sistema de gestión de almacén), la aplicación informática que nos permite conseguir una trazabilidad total y realizar el alta en el registro de *stocks*.

Finalmente, veremos que el control de la mercancía no solo se basa en los códigos de barras. Aprenderemos la importancia vital del **rotulado** y la **simbología,** que nos indican las **condiciones de manipulación y conservación** de los productos, garantizando la seguridad en el almacén. Dominar estos sistemas de control es lo que realmente permite que un almacén sea eficiente, rápido y, sobre todo, fiable y seguro.

Marisa ya ha conseguido generar sus primeros códigos de barras, pero ahora se enfrenta al siguiente reto: ¿cómo "lee" ese código de barras? Necesita una herramienta, una "pistola" lectora que, al escanear el código, conecte con su SGA (sistema de gestión de almacén). Tiene que dominar las herramientas de control para dar de alta sus artículos Luxury & Fashion en el *stock* digital y asegurar la trazabilidad desde que las telas y pieles entran en su taller artesanal, hasta que el vestido, zapato o bolso sale al cliente. Además, acaba de recibir un lote de tinte especial de Italia, y la caja viene con el pictograma de una llama. Es crucial que entienda qué significa ese rótulo para su manipulación y almacenaje.

2. Herramientas de control del etiquetado

 HILO CONDUCTOR

Marisa tiene claro que necesita "pistolas" lectoras para su almacén. Pero ¿cuáles? El operario de su taller le dice que basta con un lector láser básico conectado por USB al ordenador de la oficina para registrar las entradas. Sin embargo,

Continúa en página siguiente >>

<< Viene de página anterior

Marisa quiere que su operario pueda moverse por las estanterías, haciendo el *picking* o el inventario, y que la información llegue al SGA en tiempo real. Entiende que, para eso, necesitará un terminal de radiofrecuencia (RF). En este apartado, analizaremos junto a Marisa las herramientas que permitirán a Luxury & Fashion capturar los datos de las etiquetas y hacer que su almacén cobre vida.

Para establecer la trazabilidad de las mercancías en el almacén, cada producto, caja y palé debe tener una forma de identificación, esa matrícula unívoca que contiene, en un espacio muy pequeño, toda la información del producto, y que permite seguir todo su recorrido a lo largo de la cadena de valor: una **etiqueta SG1.** El propósito de esa etiqueta no es meramente decorativo, es una **herramienta de control.**

Pero, para poder establecer ese control sobre la mercancía, primero, hay que **capturar** todas esas referencias y, después, hay que **gestionar** toda esa cantidad de información, organizándola, dándole un formato ordenado y con sentido, para poder interpretar los valiosos datos que nos arroja.

Imagina que ya has etiquetado unos palés con mercancía para su exportación, pero ¿cómo lees esa etiqueta de forma rápida y sin errores? Y ¿qué pasa con esa información una vez leída? No podemos apuntarla en un papel, con la pérdida de tiempo y los posibles errores que implica. Para ello, la empresa debe invertir en herramientas que permitan acceder a la información que contienen las etiquetas, que son: los dispositivos físicos que leen el código *(hardware)* y el programa informático que gestiona esa información *(software)*.

Nos centraremos exactamente en eso, en los **dispositivos de captura de datos** y las **aplicaciones informáticas** que nos permiten dar de alta el *stock* y controlar cada movimiento de la mercancía, la trazabilidad.

Este sistema se compone de dos partes, como un organismo:

- ⮡ *Hardware* (los "ojos"). Son los dispositivos físicos que tocan y leen las etiquetas.
- ⮡ *Software* (el "cerebro"). Es el programa informático que recibe la información, piensa y da órdenes.

 **PARA SABER MÁS**

En la industria alimentaria, cuando se detecta un brote, los inspectores de sanidad acuden a la fábrica y lo primero que preguntan no es "qué ha pasado", sino "muéstreme sus registros de trazabilidad". Necesitan saber qué lote de materia prima se usó, qué día se produjo (IA (10) y (13)), trazabilidad ascendente y, lo más importante, a qué supermercados y clientes se ha distribuido ese lote, o trazabilidad descendente. Una trazabilidad gestionada por un buen SGA permite retirar el producto contaminado de las estanterías en horas, en lugar de días, evitando intoxicaciones masivas. La trazabilidad es "seguir el rastro", por lo que, sin registrar esa información en el SGA, la trazabilidad es imposible.

Puedes leer más sobre cómo la trazabilidad gestiona las alertas alimentarias en este artículo:

https://redirectoronline.com/3070020201

2.1. *Hardware* de captura de datos

El *hardware* de captura de datos es el conjunto de dispositivos electrónicos diseñados para "traducir" la información de una etiqueta (códigos de barras, QR, DataMatrix, RFID) a un formato digital que un ordenador pueda entender e interpretar.

Lectores de códigos de barras

Son los escáneres o lectores de códigos de barras. Se trata de dispositivos electrónicos que, mediante distintas tecnologías como el **láser** (para códigos unidimensionales, como los códigos de barras) o el ***imager*** (para códigos unidimensionales y bidimensionales, como los QR o DataMatrix), leen los códigos de barras y emiten una señal para que el SGA reciba esa información y la interprete. Su única función es convertir las barras y los espacios en la secuencia numérica que representan (por ejemplo, 8412345678912) y que contiene los datos que nos interesa conocer.

Podemos clasificarlos según su tecnología de lectura y su formato.

Según la tecnología de lectura

Con arreglo a la tecnología de lectura empleada, nos encontramos con los siguientes:

Lápiz óptico
A pesar de su obsolescencia en almacenes modernos, conviene conocer su existencia. Se trata de un dispositivo muy simple, similar a un bolígrafo, que requería deslizar la punta a una velocidad constante y en contacto directo con el código. Era muy barato, pero muy lento y propenso a errores de lectura.

Escáner CCD (detector de acoplamiento de carga)
Este lector no usa un láser, sino que funciona como una pequeña cámara digital. Utiliza una hilera de sensores led rojos que "fotografían" la imagen completa del código de barras.

Escáner láser
Es la tecnología más utilizada en logística y almacén. Este dispositivo emite un único y fino rayo láser que se refleja en un espejo móvil, haciendo que "barra" el código de barras cientos de veces por segundo. Un sensor mide la luz reflejada (las barras negras absorben la luz, los espacios blancos la reflejan) y así descifra el código.

El uso de un **lector de código de barras con escáner CCD** presenta una serie de ventajas y desventajas, que son las siguientes:

- **Ventajas.** Es económico, muy duradero (no tiene partes móviles como un láser) y lee bien códigos de alta densidad.
- **Desventajas.** Tiene una distancia de lectura muy corta (casi hay que tocar la etiqueta), solo pueden leer de frente y tienen un ancho de lectura limitado (no puede leer códigos de barras muy anchos, como los de los palés). Se usa mucho en el comercio minorista, en las cajas registradoras.

En el caso de uso de **lectores de código de barras con escáner láser,** su utilización también presenta una serie de pros y contras como los que siguen:

⮥ **Ventajas:**

◉ Distancia. Puede leer códigos a gran distancia (desde unos centíme-
tros hasta varios metros, en los modelos *long-range* para carretilleros).
◉ Precisión. Es muy rápido y puede leer códigos en movimiento, en
superficies curvas o incluso si están parcialmente dañados o mal impresos.
◉ Versatilidad. Es el que se integra en la mayoría de las "pistolas" de
almacén.

⮥ **Desventajas.** Es más caro que el CCD y, al tener un espejo móvil, es me-
cánicamente más sensible a caídas fuertes.

Según el formato y la conectividad

Atendiendo al formato y el tipo de conectividad para la lectura, tenemos los
siguientes:

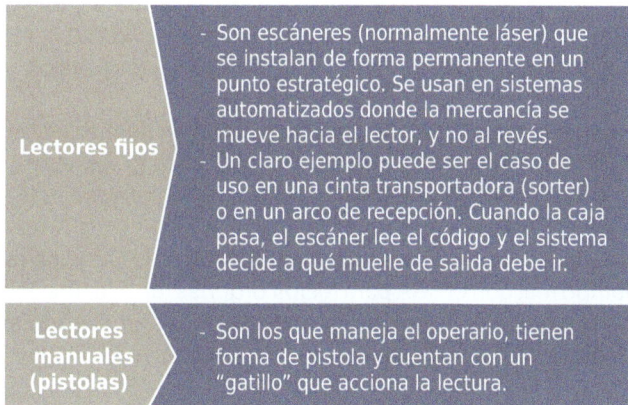

Lectores fijos	- Son escáneres (normalmente láser) que se instalan de forma permanente en un punto estratégico. Se usan en sistemas automatizados donde la mercancía se mueve hacia el lector, y no al revés. - Un claro ejemplo puede ser el caso de uso en una cinta transportadora (sorter) o en un arco de recepción. Cuando la caja pasa, el escáner lee el código y el sistema decide a qué muelle de salida debe ir.
Lectores manuales (pistolas)	- Son los que maneja el operario, tienen forma de pistola y cuentan con un "gatillo" que acciona la lectura.

Dentro de los lectores manuales, o pistolas, podemos encontrar:

⮥ **Con cable.** Son pistolas conectadas por cable (generalmente USB) a un
ordenador fijo. Su uso en almacén es limitado. Se ven en el puesto de
empaquetado *(packing)* o en el mostrador de recepción, donde el operario no necesita moverse.
⮥ **Inalámbricos.** Usan tecnología *bluetooth* o wifi para conectarse a un ordenador o a la PDA. Dan más libertad, pero siguen dependiendo de un
ordenador central cercano.

Terminales portátiles (radiofrecuencia/PDA)

Aquí llegamos a la herramienta estrella del operario de almacén. Es el dispositivo que unifica todo. Los profesionales del sector los llaman de muchas formas: la pistola, la PDA (del inglés *personal digital assistant)* o terminal RF (radiofrecuencia).

Un terminal portátil es, en esencia, un ordenador de mano ultrarresistente *(rugerizado,* reforzado o robustecido) diseñado para el entorno hostil del almacén (polvo, caídas, frío).

Integra en un solo aparato: un **escáner** (normalmente láser de alta calidad), una **pantalla** (táctil o no, para ver las órdenes), un **teclado** (físico, para poder usarlo con guantes), un **sistema de conectividad inalámbrica** (wifi industrial o radiofrecuencia propietaria).

El sistema de radiofrecuencia (RF)

Lo más importante de estos terminales no es el aparato en sí, sino su **conexión.** El almacén se dota de una red de antenas (como la red wifi de casa, pero a nivel industrial) que da cobertura a todos los pasillos.

El terminal PDA del operario está conectado en tiempo real al "cerebro" del almacén (el *software* SGA), es decir, si el SGA es el "cerebro", el terminal RF es el "brazo". No confundas el *hardware* con el *software.*

El terminal RF no sirve de nada sin el SGA. Su única función es comunicarse en tiempo real con el SGA para recibir órdenes (ej. "ir a ubicación X") y enviar confirmaciones (ej. "producto X escaneado"), permitiendo así el alta en el *stock* de forma instantánea:

⊃ **¿Cómo funciona?**

1. El operario enciende su PDA e inicia sesión.
2. El SGA *(cerebro)* le envía una orden a su pantalla: "Preparar Pedido 500. Ir a ubicación P-A-01".
3. El operario va al pasillo, escanea la etiqueta de la ubicación "P-A-01".
4. La PDA envía esa lectura al SGA.
5. El SGA la recibe y piensa: "Correcto. Estás en el sitio". Y le envía la siguiente orden a la pantalla: "Recoger 3 cajas de GTIN 84...".
6. El operario escanea el producto.
7. La PDA lo envía al SGA.
8. El SGA lo recibe y piensa: "Correcto. Producto recogido". Y actualiza el *stock* en ese mismo segundo.

⊃ **Ventajas:**

- ◗ **Eliminación de papeles.** Se acaban las listas de *picking* impresas.
- ◗ **Fiabilidad.** El sistema valida cada paso. Es casi imposible coger el producto equivocado, porque la pistola pitará un error.
- ◗ **Tiempo real.** El inventario se actualiza al segundo. Si un cliente llama, el comercial puede ver en su ordenador que ese producto acaba de ser recogido y ya no está en la estantería.

NOTA

Es fundamental que entiendas la diferencia entre láser y RFID:

- Lector láser (óptico): necesita "VER" el código de barras. Funciona con línea de visión directa. Solo puede leer un código a la vez. Es ideal para *picking* (confirmar caja a caja).
- Lector RFID (radiofrecuencia): no necesita "ver" la etiqueta. La señal de radio atraviesa el cartón. Puede leer cientos de etiquetas a la vez. Es ideal para recepciones o expediciones (escanear un palé entero al pasar por un arco) o para inventarios rápidos.

Tipos de terminales portátiles

Los principales tipos de terminales portátiles son los siguientes:

> **De mano *(hand-held)***
> El formato "pistola". Es el más común y versátil. Se usa para *picking*, inventarios, recepciones, etc.

> **De carretilla *(vehicle-mounted)***
> Son terminales más grandes y robustos, con pantallas más fáciles de leer, que se atornillan directamente a la carretilla elevadora. El operario recibe las órdenes de ubicación y extracción ("Mover palé SSCC... de P-A-01 a muelle 3") sin bajarse de la máquina.

Continúa en página siguiente >>

<< Viene de página anterior

> **Vestibles *(wearables)***
> Para operaciones de *picking* muy intensivo. El operario lleva el terminal en la muñeca o cinturón, y el escáner es un pequeño dispositivo en el dedo (como un anillo). Esto le deja las dos manos libres para coger cajas.

Hardware para otras tecnologías

Además de la lectura por imagen (láser/CCD), existen otras formas de capturar datos que liberan al operario.

Lectores RFID

El RFID no necesita visión directa, como ya vimos en la anterior unidad. El *hardware* para la lectura puede ser:

> **Portales o arcos RFID**
> Se instalan en los muelles de carga. Cuando la carretilla atraviesa el portal con un palé, el arco emite ondas de radio y lee todas las etiquetas de todas las cajas del palé a la vez (lectura masiva), dándole el alta al SGA en un segundo.

> **Terminales de mano RFID**
> Son PDA que, además del escáner láser, tienen una antena RFID. Sirven para hacer inventarios rapidísimos: el operario pasa por el pasillo "apuntando" a la estantería y el terminal lee todos los productos sin tener que escanearlos uno a uno.

Sistemas de reconocimiento de voz (picking por voz/pick-to-voice)

Esta es una herramienta de control muy avanzada. El operario no usa una pantalla, sino unos **auriculares** y un **micrófono** conectados a un terminal portátil que lleva en el cinturón:

● **¿Cómo funciona?**

1. El SGA *(cerebro)* le habla al operario: "Dirígete a pasillo 7, módulo 3".
2. El operario va y lee un dígito de control en la estantería (para confirmar) y se lo dice al sistema: "Siete-Tres-Uno".
3. El SGA: "Confirmado. Recoge 5 unidades".
4. El operario coge las 5 cajas y confirma por voz: "5, cogido".
5. El SGA actualiza el *stock* y le da la siguiente orden.

● **Ventaja.** El operario tiene las manos y los ojos libres en todo momento. Esto aumenta la productividad y la seguridad, ya que puede estar 100 % atento a su entorno y a la manipulación de las cajas. Es ideal para almacenes de congelado, donde usar una pantalla táctil o un teclado es muy complicado.

2.2. *Software* de gestión

Todo el *hardware* no sirve de nada si no está conectado a un "cerebro". Este cerebro es el *software* que gestiona la información, es la aplicación informática específica para ello y es la herramienta que nos permite hacer el alta en el registro de *stock*.

El SGA (sistema de gestión de almacenes) o WMS *(Warehouse Management System)*

Es una aplicación informática específica, es decir, es el *software especialista* en gestionar todo lo que ocurre físicamente dentro del almacén. En relación con el etiquetado y las herramientas:

● **Genera las etiquetas.** El SGA es quien crea las etiquetas. Cuando llega un palé de nuestro proveedor sin etiqueta, el operario lo identifica en el sistema (ej. "Limones Verna, 1.000 kg, Lote X") y el SGA genera e imprime una nueva etiqueta SSCC (el DNI del palé) para ese palé, asociando toda esa información a ese código único.
● **Recibe los escaneos.** Es el receptor de toda la información que capturan las PDA, los arcos RFID o los sistemas de voz.
● **Valida y dirige las tareas.** Su función principal es optimizar y validar:

◑ Optimiza: decide cuál es la mejor ubicación para un palé *(slotting)* o la ruta de *picking* más corta para un operario.

○ **Valida:** es el "policía" del almacén. Si el SGA manda a coger el GTIN A y escaneas el GTIN B, la PDA mostrará una pantalla de ERROR en rojo y no dejará continuar. Esto reduce los errores humanos a casi cero.

⊃ **Gestiona el *stock* en tiempo real.** El "alta en el registro de *stocks*" es la función más básica del SGA.

 **EJEMPLO**

La trazabilidad es vital cuando hay un problema. Veamos una situación de alerta de calidad en Luxury & Fashion. Marisa recibe la llamada de un cliente: "Las botas del pedido 50123 se están despegando":

1. Consulta SGA (trazabilidad). Marisa busca el pedido 50123 en el SGA. Ve que se enviaron unas "Botas Artesanas T42".
2. Identificación del lote. El SGA le dice que esas botas se fabricaron usando el lote PEG-04 de un pegamento especial.
3. Bloqueo en *stock*. Marisa consulta el SGA: "¿Queda *stock* del lote PEG-04?". El sistema responde: "Sí, quedan 5 bidones en la ubicación PAS-01-MAT-PELIG".
4. Acción inmediata. Marisa da la orden en el SGA de "Bloquear lote PEG-04". Automáticamente, esos 5 bidones quedan inutilizables para producción.
5. Investigación (trazabilidad inversa). Marisa consulta en el SGA: "¿Qué otros pedidos de clientes se han fabricado con el lote PEG-04?". El sistema le da una lista de otros 30 pedidos enviados.

Gracias a que se registró el lote de pegamento al entrar y se asoció a las botas fabricadas, Marisa ha podido localizar el problema en minutos, bloquear el material defectuoso y gestionar la crisis con los clientes afectados, en lugar de tener que revisar todo su *stock* de botas de su línea de calzado.

Funcionalidades clave del SGA en la operativa diaria

Las principales funciones que tiene un SGA, fundamentales para las operaciones de almacenaje que se realizan diariamente, son las siguientes:

⊃ **Gestión de recepciones.** Da el alta al *stock* y genera etiquetas de SSCC si es necesario.
⊃ **Gestión de ubicaciones *(slotting)*.** Decide dónde va cada palé según reglas (alta rotación cerca de los muelles, pesados abajo, etc.).

- ➲ **Gestión de preparación de pedidos** *(picking)*. Envía las órdenes a las PDA o al sistema de voz, optimizando la ruta.
- ➲ **Gestión de inventarios.** Permite hacer inventarios cíclicos (contar solo unos pocos pasillos cada día) o inventario general. El operario solo tiene que escanear la ubicación y los productos, y el SGA hace la comparación con el *stock* teórico.
- ➲ **Gestión de expediciones.** Asigna los palés a los muelles de salida y da de baja el *stock* cuando el camión se va.
- ➲ **Trazabilidad.** Es el guardián de la trazabilidad. Mantiene un historial de cada SSCC: cuándo entró, dónde se almacenó, quién lo movió y cuándo salió.

 **IMPORTANTE**

"Escaneo confirmado" = "Alta en *stock*". En un almacén moderno, el trabajo no está terminado hasta que el SGA dice que lo está. Puedes haber descargado un camión entero, pero si no has escaneado cada palé y cada caja con el terminal de RF, para el sistema (y para el resto de la empresa) esa mercancía no existe.

El alta en el registro de *stocks* no es un trámite administrativo que se hace "luego" en un ordenador de oficina. Es una acción en tiempo real. En el instante en que tu terminal RF te da el "OK" de un producto en su ubicación, ese producto pasa a estar disponible para la venta o para producción. Un error en este paso (no escanear, escanear el código equivocado) genera una rotura de *stock* o un descuadre de inventario.

El ERP *(Enterprise Resource Planning)*

Es importante, aunque sea brevemente, diferenciar el SGA del ERP:

ERP	El ERP (planificación de recursos empresariales) es el *software* que gestiona toda la empresa: finanzas, contabilidad, compras, ventas, recursos humanos... (ej.: SAP, Navision, Oracle).
SGA	El SGA es el *software* especialista que gestiona solo el almacén.

El SGA es como un sargento especialista que dirige la batalla en el terreno (el almacén), mientras que el ERP es el cuartel general que le da las órdenes (ventas) y recibe los informes *(stock)*. Para un operario de almacén, su herramienta de trabajo diaria será la PDA, y el "cerebro" con el que hablará esa PDA será el SGA.

3. El rotulado y las señales en los embalajes

👉 HILO CONDUCTOR

Marisa ya está decidiendo qué terminales de radiofrecuencia comprará para leer sus códigos GS1 y gestionar su *stock*. Sin embargo, mientras inspecciona una nueva entrega de pieles de su proveedor, se fija en que la caja tiene impreso un símbolo de un paraguas con gotas de lluvia.

Al mismo tiempo, el transportista descarga un bidón de pegamento especial para las suelas que lleva un rombo rojo con una llama. Se da cuenta de que sus escáneres no leen estos símbolos. Estos son rótulos de manipulación, instrucciones visuales universales que le dicen cómo debe almacenar y mover esa mercancía para no estropearla (la piel) o, peor aún, para no provocar un accidente (el pegamento).

Ahora que ya conocemos y diferenciamos entre **codificación** (el número) y **etiquetado** (el soporte físico que lleva el código, como el código de barras), introducimos un tercer concepto: el **rotulado,** que consiste en el conjunto de información, tanto inscripciones como símbolos y marcas, que se coloca sobre el embalaje de la mercancía.

Si la etiqueta de código de barras es el "DNI digital" de la mercancía para las máquinas, el rotulado es la "instrucción visual" para los humanos. Ambos son complementarios y, a menudo, conviven en la misma etiqueta logística.

3.1. Funciones clave del rotulado

Un rotulado completo y correcto cumple **tres funciones esenciales** en el almacén:

Informar sobre la manipulación
Es la función más crítica. Advierte al personal (carretilleros, mozos, transportistas) sobre la naturaleza de la carga. ¿Es frágil? ¿Hay un límite de apilamiento? ¿Le afecta la humedad? Esto previene accidentes y mermas (roturas de producto).

Identificar la mercancía y su destino
Facilita la clasificación y el enrutamiento. Permite al operario saber qué es, cuántas unidades contiene y a qué cliente o muelle de expedición va dirigido, agilizando las operaciones de *cross-docking* o almacenamiento.

Cumplir con la normativa legal
Cierta información es de obligado cumplimiento legal, como el país de origen o, de forma muy especial, las señales de peligrosidad (ADR/GHS) si la mercancía lo requiriera.

3.2. Tipos de marcas en el embalaje

Para organizar toda la información que puede llevar una caja o un palé, clasificamos el rotulado en tres categorías principales de marcas:

⮞ **Marcas de identificación (destino).** Son las marcas que guían el paquete a su destino. Son el núcleo de la etiqueta de transporte o expedición. Indican quién envía la mercancía y quién la recibe.

- Destinatario. Nombre completo, dirección y persona o departamento de contacto.
- Remitente. Nuestros datos (quién envía).
- Número de pedido o albarán. El código que relaciona el bulto físico con el documento administrativo.
- Puerto/aeropuerto de destino. En caso de exportación (ej. "Puerto de Hamburgo").
- Número total de bultos. Indica la posición del bulto en el envío total. Es fundamental para que el receptor compruebe que el pedido está completo. Ejemplo: Bulto: 1/15, Bulto: 2/15... Bulto: 15/15.

⮞ **Marcas de información (contenido).** Estas marcas describen lo que hay dentro del embalaje.

- Nombre del producto. Descripción comercial (ej. "Limón Verna 1.ª Calidad").
- Cantidad. Número de unidades por caja.

○ Peso bruto y peso neto. El peso bruto incluye el producto + embalaje; el neto es solo el producto.

○ Dimensiones de la caja. Largo x ancho x alto.

○ País de origen. Obligatorio legalmente en comercio internacional (ej. "Producto de España").

○ Lote y fechas. (Caducidad, consumo preferente). Esta información es vital para la trazabilidad y a menudo va ligada al código GS1-128.

⊃ **C. Marcas de manipulación y peligro.** Indican cómo debe manipularse el bulto. Esta es la parte más importante para el operario de almacén, ya que afecta directamente a la seguridad y a la calidad del producto (es decir, a las condiciones de manipulación y conservación).

Estas marcas son pictogramas. Los pictogramas son dibujos estandarizados que transmiten una orden de forma instantánea, superando la barrera del idioma.

Las dividimos en dos grandes grupos: las que indican cómo manipular (ISO 780) y las que advierten de un peligro (GHS/ADR).

3.3. Símbolos de manipulación y conservación (norma ISO 780)

La norma internacional **ISO 780** establece los símbolos gráficos que debemos usar para las instrucciones de manipulación de mercancías. El objetivo es que un operario en España y uno en Berlín entiendan exactamente lo mismo al ver el símbolo.

Estos pictogramas deben imprimirse en el embalaje de forma clara, preferiblemente en color negro y con un tamaño adecuado (mínimo 10-20 cm en bultos de expedición).

Imaginemos, siguiendo con el ejemplo de Almacenes Frutícolas del Segura. Nuestro palé de limones necesita sí o sí varias de estas marcas para asegurar que el producto llegue bien a Alemania. Si las cajas son de cartón, usaremos "Proteger de la humedad". Como los limones se aplastan, usaremos "Límite de apilamiento". Y como son un alimento perecedero, usaremos "Proteger de fuentes de calor" y, si es refrigerado, el símbolo correspondiente.

Veamos los símbolos más importantes que se deben reconocer al instante:

1. **Frágil.** El contenido es delicado y puede romperse si se golpea, se cae o se maneja bruscamente. Acción del operario: manipular con extremo cuidado. Evitar golpes. Al usar la carretilla, depositar el palé en el suelo con suavidad.

2. **Este lado arriba.** El embalaje debe transportarse, almacenarse y mantenerse siempre en la posición que indican las flechas.
Acción del operario: asegurarse de que las flechas apunten hacia el techo. Es vital para productos líquidos (evitar derrames), productos que se asientan o maquinaria que puede desequilibrarse.

3. **Proteger de la humedad/mantener seco.** El producto o el embalaje (ej. cartón) pueden dañarse si se exponen al agua o a una alta humedad ambiental.
Acción del operario: no almacenar a la intemperie. Almacenar en zonas secas. No dejar el palé en un charco de agua.

4. **Proteger de fuentes de calor.** El contenido es sensible al calor o a la luz solar directa. Puede ser un alimento, un producto químico o un electrónico.
Acción del operario: no almacenar cerca de radiadores, maquinaria que genere calor o al sol directo en el patio.

5. **Límite de apilamiento (por masa).** Indica la masa máxima (en kg) que se puede apilar encima de ese bulto.
Acción del operario: el operario debe calcular que el peso total de los palés que pone encima no supere esa cifra.

6. **Límite de apilamiento (por número).** Indica el número máximo de bultos idénticos que se pueden apilar. Si pone "n=8", significa que se puede apilar un máximo de 8 cajas en total.
Acción del operario: no apilar más cajas de las indicadas para evitar el aplastamiento de la mercancía inferior.

7. **No apilar.** Prohibido poner nada encima de este bulto. El producto o el embalaje no soportan ningún peso.
Acción del operario: colocar siempre en la parte superior del apilamiento o en estanterías individuales.

8. **Centro de gravedad.** Indica el punto de equilibrio exacto del bulto. Es crucial para maquinaria pesada o cargas irregulares.
Acción del operario: el carretillero debe asegurarse de meter las palas de la carretilla de forma que este punto quede centrado entre ellas para evitar que el bulto vuelque.

9. **Eslingar aquí.** Indica los puntos exactos y seguros desde donde se puede levantar la carga usando eslingas (cadenas o cinchas) con una grúa.
Acción del operario: si se usan eslingas, colocarlas solo donde indica el símbolo. Colocarlas en otro punto puede desequilibrar o romper el embalaje.

10. **No usar ganchos.** Prohíbe el uso de ganchos o garfios para mover el bulto.
Acción del operario: no utilizar ganchos, ya que pueden perforar el embalaje y dañar el producto (ej. en sacos, fardos).

Pictogramas de la norma ISO 780

3.4. Símbolos de peligrosidad (normativa GHS/ADR)

Este segundo grupo de pictogramas es aún más importante, ya que no solo protege la mercancía, sino que **protege la salud del operario y el medio ambiente.** Indican que el contenido es **peligroso.**

 PARA SABER MÁS

¿Qué es la normativa ADR? El ADR (Acuerdo Europeo sobre Transporte Internacional de Mercancías Peligrosas por Carretera) es la normativa legal que regula cómo se deben transportar, embalar y etiquetar productos como la gasolina, los ácidos, los disolventes inflamables o los gases. El etiquetado ADR no es una recomendación, es una obligación legal para garantizar la seguridad.

Conoce los fundamentos de esta normativa crucial para la seguridad en el transporte y almacén:

https://redirectoronline.com/3070020202

Continuando con el ejemplo de Almacenes Frutícolas del Segura, nuestros limones no son peligrosos. Pero nuestro almacén Sí tiene productos peligrosos: el gasóleo para las carretillas, el amoniaco del sistema de refrigeración, los productos fitosanitarios (pesticidas) que se guardan en un área separada o la lejía y productos de limpieza industrial. Estos productos deben llevar un **rotulado especial regulado por ley.**

Existen varias normativas, pero la más extendida globalmente es el **GHS** (Sistema Globalmente Armonizado de Clasificación y Etiquetado de Productos Químicos), que en Europa se aplica a través del reglamento CLP. Para el transporte por carretera, se usa el **ADR.** Ambos sistemas usan pictogramas muy similares: un rombo (diamante) con el borde rojo, fondo blanco y un símbolo negro. Todo operario de almacén tiene la obligación de reconocerlos para saber cómo actuar:

1. **Explosivo.** El producto puede explotar si se golpea, se calienta o entra en contacto con una llama (ej. dinamita, ciertos peróxidos).
   Acción del operario: manipular con extrema suavidad. Almacenar en zonas específicas, aisladas, protegidas de golpes y lejos de fuentes de calor.
2. **Inflamable.** El producto arde con mucha facilidad (ej. alcohol, disolventes, gasolina, gasóleo).
   Acción del operario: prohibido fumar cerca. Almacenar lejos de llamas abiertas, chispas (ej. zonas de carga de baterías) o fuentes de calor.
3. **Comburente (oxidante).** El producto no es inflamable por sí mismo, pero provoca o acelera el fuego de otros productos, incluso sin presencia de aire (ej. lejía concentrada, agua oxigenada, nitratos). Acción del operario: jamás almacenar cerca de inflamables (gasolina, aceite, grasa). Una fuga de ambos provocaría un incendio muy violento.
4. **Gas a presión.** Contiene gas a presión (ej. botellas de gas para la carretilla, nitrógeno, oxígeno).
   Acción del operario: peligro de explosión si se calienta. Peligro de quemadura por frío si es gas licuado (ej. amoniaco). Almacenar en zonas ventiladas, aseguradas para que no caigan (encadenadas) y lejos del calor.
5. **Corrosivo.** El producto "quema" la piel gravemente al contacto y puede destruir metales (ej. ácidos fuertes como el salfumán, lejía, amoniaco, sosa cáustica).
   Acción del operario: obligatorio usar EPI (guantes resistentes a químicos, gafas de seguridad). Almacenar en cubetos de retención para evitar que una fuga se extienda.
6. **Toxicidad aguda (muy tóxico).** Producto mortal o muy tóxico en pequeñas dosis si se ingiere, inhala o toca la piel (ej. cianuro, muchos pesticidas fuertes).
   Acción del operario: máxima precaución. Usar los EPI especificados. Acceso restringido. Almacenar bajo llave.

7. **Peligro para la salud (signo de exclamación).** Es un nivel de peligro menor que los anteriores. Indica que el producto irrita la piel o los ojos, puede causar somnolencia o es nocivo.
Acción del operario: evitar el contacto directo. Usar guantes y gafas. Asegurar buena ventilación.

8. **Peligro grave para la salud (crónico).** Peligro a largo plazo. El producto puede causar cáncer (carcinógeno), problemas de fertilidad o dañar órganos tras exposiciones repetidas.
Acción del operario: evitar absolutamente respirar sus vapores. Usar mascarilla con filtro adecuado.

9. **Peligroso para el medio ambiente.** El producto es tóxico para la vida acuática (peces, algas).
Acción del operario: prohibido verter por el desagüe. En caso de derrame, contenerlo con sepiolita (arena absorbente) y gestionarlo como residuo peligroso. No puede llegar al alcantarillado.

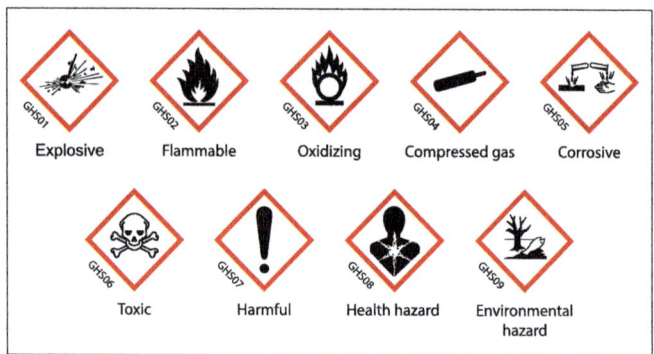

Pictogramas de la norma GHS

 **VÍDEO**

Pincha en el siguiente enlace para conocer toda la simbología de forma fácil y sencilla:

Continúa en página siguiente >>

<< Viene de página anterior

https://redirectoronline.com/3070020203

 PARA SABER MÁS

La Asociación Nacional de Protección contra el Fuego, NFPA, define la normativa NFPA 704 Norma para el Sistema de Identificación de Peligros de Materiales para Respuesta a Emergencias; se trata del conocido como Diamante de Fuego.

Para saber más sobre el diamante de fuego y conocer su simbología, pincha en el siguiente enlace y accede a la información:

https://redirectoronline.com/3070020204

 ACTIVIDAD 1

Un operario de Luxury & Fashion está en el muelle de recepción con su terminal de radiofrecuencia (RF) listo para procesar una entrega. La entrega contiene dos palés:

- Un palé de "Suelas de goma" (GTIN: 8412345000451, Lote: S-090).

Continúa en página siguiente >>

<< Viene de página anterior

- Un palé de "Pegamento especial inflamable" (GTIN: 8412345000673, lote: P-022).

El palé de pegamento, además de la etiqueta logística GS1-128, lleva bien visible un rombo rojo con una llama (pictograma SGA/CLP) y un pictograma de un paraguas (ISO). El SGA (sistema de gestión de almacén) le indica al operario que debe dar de alta la mercancía y ubicarla. ¿Cuál es el proceso correcto que debe seguir el operario para gestionar esta recepción, cumpliendo con todos los criterios de alta de *stock*, trazabilidad y manipulación segura?

 TAREA 2

Imagina que trabajas en el almacén de Luxury & Fashion. Hoy llega un camión de un proveedor con dos palés de mercancía crítica para la producción de la línea de calzado:

1. Palé 1: cajas de piel curtida (materia prima). Etiqueta logística (GS1-128) con: GTIN (IA 01) 18412345000111; lote (IA 10): LOTE-PIEL-A45 y SSCC (IA 00): 008412345000000001.
2. Palé 2: bidones de pegamento industrial (químico). Etiqueta logística (GS1-128) con: GTIN (IA 01): 18412345000222; lote (IA 10): LOTE-PEG-B88; SSCC (IA 00): 008412345000000002.

El palé lleva impresos dos pictogramas bien visibles: un rombo rojo con una llama (GHS02) y un símbolo de un paraguas con gotas (ISO).

Tienes en tu mano el terminal de radiofrecuencia (RF) con la aplicación del SGA (sistema de gestión de almacén) abierta en la pantalla "Recepción de pedidos".

Describe, paso a paso, el proceso completo y correcto que debes realizar para gestionar esta recepción, asegurándote de cubrir todos los aspectos de seguridad, trazabilidad y registro.

1. Gestión de seguridad: ¿qué es lo primero que te indican los pictogramas del palé 2? ¿Qué acciones de manipulación y conservación debes tomar inmediatamente basándote en ellos?

Continúa en página siguiente >>

<< Viene de página anterior

2. Gestión de *stock:* ¿qué acción debes realizar con tu terminal RF para que ambos palés existan en el inventario digital? Describe cómo se realiza el alta en el registro de *stocks* usando la aplicación informática.

3. Gestión de trazabilidad: al escanear las etiquetas GS1-128, ¿qué dato clave (además del GTIN) está capturando el SGA para asegurar la trazabilidad futura de la piel y el pegamento? ¿Por qué es vital este dato?

 ## ACTIVIDAD COMPLEMENTARIA

2. Marisa está decidida a profesionalizar el almacén de Luxury & Fashion. Ya tiene claro cómo codificar y etiquetar sus mercancías y sabe identificar e interpretar el rotulado presente en los embalajes de materias primas que recibe en el taller artesanal de calzado.

Marisa usa dos productos químicos clave:

- Producto A: **pegamento industrial** (disolvente, inflamable).
- Producto B: **tinte para cuero** (irritante/nocivo).

Ahora, debe asegurarse de que, en su almacén y en su taller, sus empleados saben identificar los pictogramas que aparecen en las cajas pegamento y de tinte, así como que entienden cómo manipular los productos químicos (tintes, colas) de forma segura.

Analiza el texto del siguiente enlace y responde a la cuestión:

¿Tendrá Marisa suficiente información sobre las recomendaciones que deben aplicar en el almacén y el taller de Luxury & Fashion?

https://redirectoronline.com/3070020205

---

4. Resumen

La etiqueta física cobra vida gracias a las **herramientas de control del etiquetado.** Estas herramientas de *hardware,* como los **lectores láser** o los **terminales de radiofrecuencia (RF),** actúan como el "brazo" del operario.

Este "brazo" se comunica en tiempo real con el "cerebro" del almacén: el **SGA** (sistema de gestión de almacén). Esta conexión entre el *hardware* y el *software* es la que nos permite realizar dos funciones críticas:

- ⮑ **Realizar el alta en el registro de *stocks.*** Al escanear el producto con el terminal, la mercancía entra en el inventario digital de forma instantánea, quedando disponible para la venta o producción.
- ⮑ **Garantizar la trazabilidad.** Al capturar datos clave como el **lote** (contenido en el GS1-128), el SGA puede "seguir el rastro" del producto por toda la cadena, tanto hacia atrás (ascendente) como hacia adelante (descendente).

No toda la información se escanea. El **rotulado** y la **simbología** (pictogramas) son un lenguaje visual universal. Estos nos indican las **condiciones de manipulación y conservación,** ya sea para proteger el producto (ej. "Frágil" o "Mantener seco") o para proteger al operario (ej. los rombos rojos SGA/CLP de "Inflamable" o "Corrosivo").

A continuación, puedes visualizar todos los conceptos vistos de forma agrupada en el siguiente esquema:

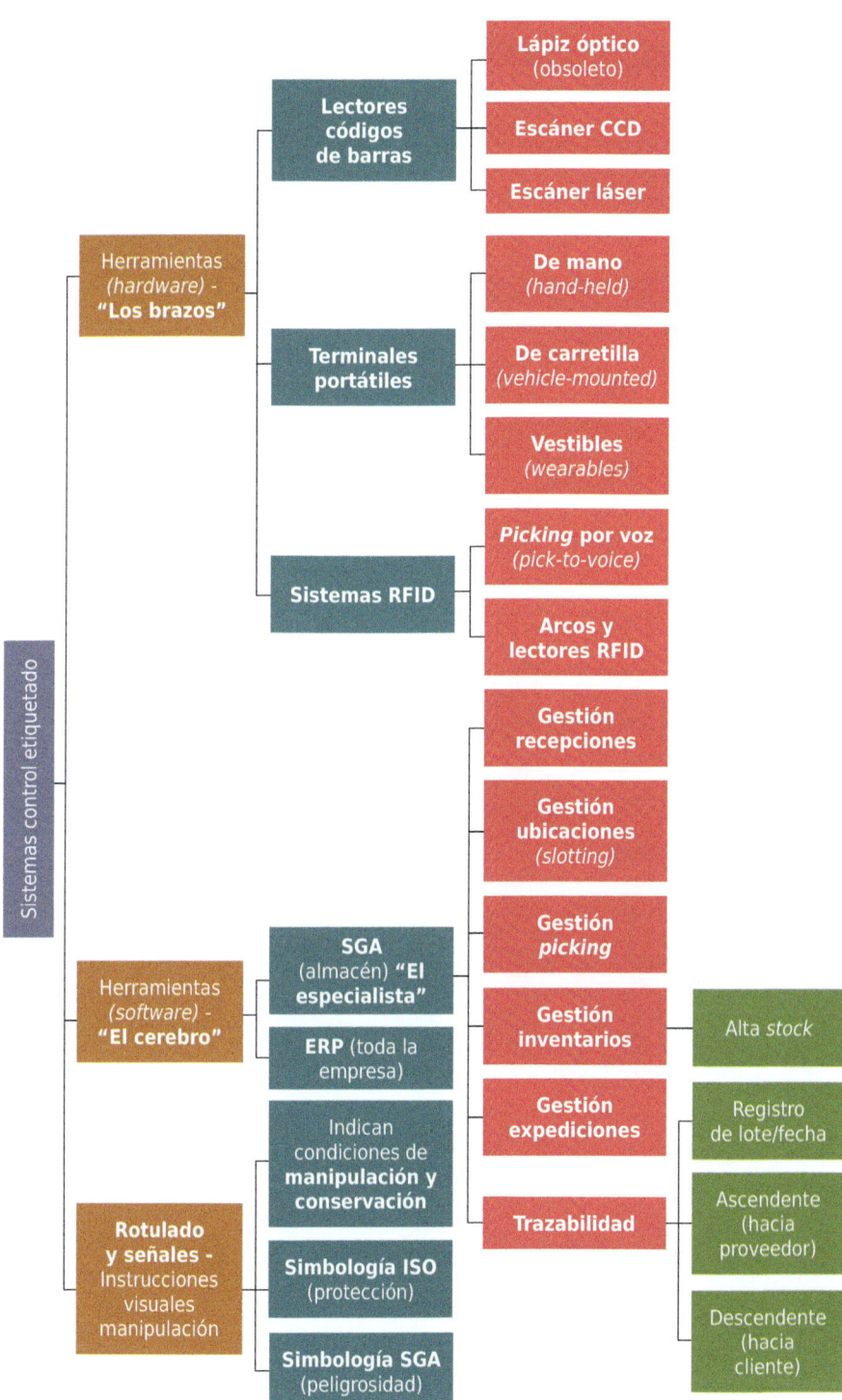

Ejercicios de autoevaluación
Unidad de Aprendizaje 2

1. ¿Cuál es la diferencia fundamental entre un lector de código de barras simple (conectado por USB) y un terminal de radiofrecuencia (RF)?

    a. El lector simple es más rápido, pero el terminal RF puede leer códigos 2D.

    b. El terminal RF se conecta en tiempo real vía wifi al SGA para consultar y registrar datos, mientras que el lector simple solo "escribe" el código en un PC cercano.

    c. El lector simple usa tecnología láser y el terminal RF usa tecnología CCD.

    d. El terminal RF es solo para imprimir etiquetas, no para leerlas.

2. ¿Qué tecnología de identificación permite la lectura de múltiples etiquetas a la vez, sin necesidad de una línea de visión directa entre el lector y la etiqueta?

    a. Lector láser (1D)

    b. Lector CCD (2D)

    c. Lápiz óptico

    d. RFID (identificación por radiofrecuencia)

3. Si un operario recibe un bidón con un rombo rojo que contiene el pictograma de una llama (GHS02), ¿qué información le está proporcionando esta señal?

    a. Que el producto es frágil y debe manipularse con cuidado.

    b. Que el producto debe mantenerse seco y alejado de la humedad.

    c. Que el producto es inflamable y presenta un peligro de incendio, debiendo almacenarse en una zona de seguridad (APQ).

    d. Que el producto es tóxico y peligroso por inhalación (pictograma de la calavera).

4. ¿A qué se refiere el término "alta en el registro de *stocks*"?

a. A colocar la mercancía en la estantería más alta del almacén.
b. A imprimir la etiqueta de código de barras para un producto nuevo.
c. Al proceso de anotar manualmente en un albarán que la mercancía ha llegado.
d. Al proceso de registrar la entrada de la mercancía en la aplicación informática (SGA), habitualmente usando un terminal, para que conste en el inventario digital.

5. ¿Qué es la "trazabilidad ascendente" (hacia atrás)?

a. La capacidad de saber a qué clientes se ha enviado un lote de producto.
b. La capacidad de identificar el origen (proveedor, lote, fecha) de una materia prima o componente de un producto que ya está fabricado.
c. El sistema de colocar los productos más nuevos detrás de los más viejos (LIFO).
d. El proceso de escanear un producto para darle de alta en el *stock*.

6. ¿Qué dato, contenido habitualmente en una etiqueta logística GS1-128, es fundamental para asegurar la trazabilidad?

a. El pictograma de "Frágil"
b. El código GLN del almacén de destino
c. El identificador de aplicación (IA) del lote (ej. IA (10))
d. El precio del producto

7. Un operario recibe una caja de material delicado con un pictograma de un paraguas con gotas. ¿Qué condición de manipulación se le está indicando?

a. Que la caja es inflamable.
b. Que la caja debe mantenerse seca y protegida de la humedad.
c. Que la caja contiene líquidos y puede gotear.
d. Que la caja es muy frágil (pictograma de la copa).

8. **¿Cuál es la función principal del SGA (sistema de gestión de almacén) en el proceso de etiquetado?**

    a. Imprimir físicamente las etiquetas de colores para los pictogramas de peligro.
    b. Ser el dispositivo "pistola" que lleva el operario para escanear.
    c. Ser la aplicación informática o "cerebro" que almacena los datos del producto *(stock,* ubicación, lote) y recibe la información del terminal RF.
    d. Diseñar el tamaño y la forma de los códigos de barras.

9. **¿A qué se refiere la "trazabilidad descendente" (hacia adelante)?**

    a. La capacidad de localizar y retirar un lote de producto que ya ha sido distribuido a los clientes.
    b. A saber de qué proveedor vino la materia prima.
    c. Almacenar el producto en las zonas bajas de la estantería.
    d. El orden en que el SGA indica al operario que debe hacer el *picking.*

10. **¿Por qué es crucial realizar el alta de *stock* usando un terminal RF en tiempo real?**

    a. Porque la normativa de seguridad (CE e) obliga a usar wifi.
    b. Para que el terminal imprima la etiqueta con la fecha y hora exactas.
    c. Para que el inventario digital del SGA se actualice al instante y esa mercancía esté disponible para la venta o producción inmediatamente.
    d. Porque los terminales RF son los únicos que pueden leer los pictogramas de peligro.

Medidas de prevención de riesgos laborales

Contenido

Objetivos

Los objetivos específicos de esta Unidad de Aprendizaje son:

→ Relacionar las medidas de prevención de riesgos que deben tomarse en los accidentes habituales de las operaciones y la manipulación de cargas en el almacén.

→ Valorar la necesidad e implicaciones de mantener el orden y limpieza en el almacén para la realización efectiva de las operaciones.

1. Introducción

El almacén es un entorno dinámico, lleno de maquinaria, circulación de vehículos, movimiento de cargas pesadas y personas trabajando a contrarreloj. No es una oficina. Si no se respetan las normas, es un lugar peligroso.

Por esta razón, es imprescindible conocer y aplicar correctamente las medidas de prevención de riesgos en las operaciones de almacén, ya que la seguridad de las personas en sus entornos de trabajo debe anteponerse a factores como la productividad o la trazabilidad. De nada sirve ser el operario más rápido etiquetando palés si al mes siguiente está de baja por una lesión de espalda o se corta en una mano por el mal uso de una herramienta.

A continuación, profundizaremos en estas medidas de prevención y seguridad, prestando especial atención a los riesgos específicos de las tareas de etiquetado, ya que deben ser incorporadas de forma rutinaria e integradas como un paso más en la operativa diaria; no considerarlas como un "extra" molesto, sino como un "salvavidas". Conocerlas y aplicarlas de forma correcta te permitirá realizar las tareas de etiquetado de la forma más segura posible, procurando finalizar la jornada de trabajo sin percances y cuidando, además, del entorno medioambiental.

La **Ley de Prevención de Riesgos Laborales** (LPRL) establece que el trabajador tiene derecho a una protección eficaz, pero también tiene el deber de cumplir con las medidas de seguridad.

Marisa, propietaria de la *boutique* Luxury & Fashion, siempre ha creído que el verdadero lujo reside en los detalles. Su tienda, especializada en moda y complementos artesanales, es conocida por la calidad exquisita de sus productos. Sin embargo, tras recibir la nueva colección de temporada, el almacén se ha convertido en un hervidero de actividad: cientos de cajas por abrir, miles de prendas que etiquetar y muy poco tiempo.

Ayer, tras una larga jornada etiquetando zapatos de piel, Marisa notó una fuerte molestia en la muñeca y vio cómo su ayudante se hacía un pequeño corte al intentar quitar un precinto con prisas. En ese momento, Marisa comprendió algo fundamental: la excelencia de su marca no sirve de nada si el proceso de trabajo no es seguro. Para mantener los estándares de Luxury & Fashion, necesita aplicar al etiquetado la misma meticulosidad que a sus diseños, garantizando un entorno seguro, ergonómico y respetuoso con el medio ambiente.

2. Riesgos específicos y medidas de prevención en el proceso etiquetado

☞ HILO CONDUCTOR

Marisa observa a su equipo trabajando en la trastienda. Ve cúteres sobre las mesas junto a pañuelos de seda, cajas apiladas en zonas de paso y posturas forzadas para alcanzar las etiquetas de las estanterías altas. Se da cuenta de que el proceso de etiquetado, aparentemente inofensivo, esconde "trampas" que pueden salir muy caras.

No se trata solo de evitar dañar una prenda exclusiva con una herramienta afilada (lo cual sería un desastre económico), sino de proteger la salud de quienes hacen posible la magia de la *boutique*. Marisa decide coger su libreta y, antes de colocar una sola etiqueta más, empieza a identificar uno por uno los riesgos específicos —desde cortes hasta fatiga postural— para ponerles freno con medidas preventivas eficaces.

El proceso de etiquetado de mercancías, *a priori,* parece una tarea inofensiva que no presenta ningún riesgo para la salud de los operarios, ya que, en principio, se trata de soportes en papel autoadhesivo, "pegatinas" que contienen la información necesaria sobre la mercancía a la que están adheridas. Pero esta labor esconde riesgos que, si se repiten día tras día y no se toman medidas de precaución para corregirlos o evitarlos, pueden causar problemas serios para la salud de los trabajadores.

Retomando el caso de Almacenes Frutícolas del Segura podemos ver, mediante un claro ejemplo, a qué nos referimos cuando hablamos de riesgos específicos en las operaciones de almacenaje, poniendo el foco en las tareas de etiquetado.

Imagina la zona de expediciones de dicho almacén un viernes a última hora de la tarde. Hay mucha actividad, se trabaja a un ritmo frenético para sacar adelante los pedidos de fruta que aún quedan pendientes para su envío a distintos países de Europa y que van con bastante retraso:

- ➲ Hay que etiquetar 50 palés de limones rápidamente.
- ➲ Las carretillas pasan muy cerca para llevarse los palés terminados.
- ➲ Se utilizan dispensadores de cinta adhesiva, cúteres para cortar flejes y la PDA para escanear.

⊃ Hay que agacharse para poner las etiquetas en la parte baja de los palés y estirarse para poner las de la otra cara.

Si en este escenario hay un charco de agua o aceite en el suelo, un cúter sin seguro olvidado en una mesa, una carretilla sin el freno de mano o se levanta peso con la espalda doblada por las prisas... el accidente está asegurado.

A continuación, conoceremos los riesgos específicos relacionados con las tareas de etiquetado y qué medidas de prevención se deben aplicar para evitarlos, para lo cual los agruparemos en tres bloques: riesgos ergonómicos, riesgos mecánicos y físicos y riesgos químicos y ambientales.

2.1. Riesgos ergonómicos (la carga física)

Son, con diferencia, los riesgos más frecuentes en el etiquetado manual. Tienen que ver con las posturas y los movimientos repetitivos.

Este tipo de movimientos se caracterizan por su continuidad y persistencia a lo largo del tiempo que dura la jornada. Si se realizan de forma inadecuada, acaban desembocando en dolorosas sobrecargas musculares y posteriores lesiones por falta de higiene postural o capacitación para conocer cómo actuar y qué medidas de prevención aplicar para poder evitar estos riesgos silenciosos.

Posturas forzadas

En las operaciones de almacén, es muy común adoptar "malas posturas" durante la jornada de trabajo que llevan aparejados una serie de riesgos y consecuencias que pueden desembocar en lesiones si no se previenen:

⊃ **Riesgos.** Para cumplir la normativa GS1, hay que colocar etiquetas a diferentes alturas del palé (a veces abajo, a veces a media altura) y en dos caras diferentes. Esto obliga a agacharse, doblar la espalda, girar el tronco o estirar los brazos por encima de los hombros repetidamente.
⊃ **Consecuencias.** Como lesiones musculoesqueléticas: lumbalgias (dolor de espalda baja), dolores cervicales o tirones musculares.
⊃ **Medidas preventivas.** Estas medidas son:

  ◌ **Higiene postural:** es la regla de oro. Mantén la espalda recta siempre que puedas. Si tienes que etiquetar la parte baja de un palé, flexiona las rodillas (ponte en cuclillas), no dobles la cintura.

● **Evita los giros:** no gires el tronco mientras tienes los pies fijos en el suelo. Gira todo el cuerpo moviendo los pies.
● **Uso de ayudas:** si es posible, utiliza mesas elevadoras o transpaletas de tijera que levanten el palé a una altura de trabajo cómoda (entre la cintura y el pecho), evitando que tengas que agacharte.
● **Rótate:** si trabajas en equipo, turnaos las tareas entre compañeros. Que uno etiquete la parte alta y otro la baja, y luego cambiad.

IMPORTANTE

La "zona de oro" del etiquetado. Para evitar la fatiga postural y las lesiones de espalda, recuerda siempre trabajar dentro de tu zona de seguridad ergonómica.

Para ello, debes tener en cuenta dos aspectos importantes:

• Altura: la mesa de etiquetado debe estar, aproximadamente, a la altura de tu cintura (o un poco más alta si el trabajo requiere mucha precisión visual, como coser una etiqueta en una prenda de seda).
• Alcance: no estires el brazo constantemente. Todo lo que necesites usar con frecuencia (pistola de navetes, etiquetas, tijeras) debe estar en un semicírculo cercano a tus manos. Si tienes que "estirarte" o "agacharte" repetidamente, estás invitando a una lesión.

Movimientos repetitivos

Además de las "malas posturas", durante la jornada de trabajo en el almacén también realizamos movimientos repetitivos que conllevan riesgos y consecuencias si no se adoptan las pertinentes medidas de prevención:

➲ **Riesgos.** En una estación de *packing* (empaquetado), un operario puede pegar cientos de etiquetas en cajas pequeñas, una tras otra, usando los mismos músculos de la mano y muñeca durante horas, a menudo usando pistolas etiquetadoras manuales.
➲ **Consecuencias.** Trastornos como el síndrome del túnel carpiano (dolor y hormigueo en la muñeca y mano), tendinitis en codos, como la epicondilitis, o en las muñecas.

◗ **Medidas preventivas.** Estas medidas son:

1. **Pausas activas:** realizar micropausas periódicas para estirar los dedos, muñecas y hombros. No es "perder el tiempo", es "recargar" los músculos.
2. **Diseño del puesto:** que los rollos de etiquetas y las herramientas estén al alcance de la mano, sin tener que estirar el brazo excesivamente (en la "zona de confort" de alcance).
3. **Herramientas ergonómicas:** usar dispensadores o pistolas que requieran poca fuerza para accionarse y que tengan un agarre cómodo.

Operario con sobrecarga muscular en el codo por movimientos de forma continuada y persistente sobre la misma zona articular.

2.2. Riesgos mecánicos y físicos (el entorno de trabajo)

Son los riesgos de sufrir un accidente inmediato por contacto con objetos o el entorno.

Cortes y pinchazos

El entorno de trabajo en el almacén, por su naturaleza, está provisto de multitud de herramientas y objetos que pueden ser causantes de los siguientes:

◗ **Riesgos.** El uso de herramientas manuales cortantes es constante en el etiquetado: cúteres para abrir cajas de rollos, tijeras, dispensadores de cinta con cuchillas de corte o incluso los bordes afilados de los flejes de plástico o metal al cortarlos.

- **Medidas preventivas.** Estas medidas son:

  1. **Cúteres de seguridad:** usar siempre cúteres con hoja retráctil automática. La cuchilla solo sale cuando aprietas y se esconde sola al soltar. Jamás uses un cúter de bricolaje con la hoja fija en el almacén.
  2. **Guantes adecuados:** utilizar guantes de protección con resistencia al corte (según normativa EN 388) al manipular flejes o herramientas cortantes.
  3. **No improvisar:** no uses llaves u otros objetos para abrir cajas; usa la herramienta correcta para cada tarea.

Caídas al mismo nivel (tropiezos y resbalones)

Además de los mencionados cortes y pinchazos, durante las labores de etiquetado podemos sufrir los siguientes:

- **Riesgos.** El enemigo silencioso de la zona de etiquetado es el papel soporte de las etiquetas (el papel encerado que se tira una vez despegada la etiqueta). Si cae al suelo, es extremadamente resbaladizo. También los restos de flejes, trozos de cartón o cables de cargadores de PDA.
- **Medidas preventivas.** Estas medidas son:

  1. **Orden y limpieza:** realizar micropausas periódicas para estirar los dedos, muñecas y hombros. No es "perder el tiempo", es "recargar" los músculos.
  2. **Gestión inmediata de residuos:** tirar el papel soporte y los restos de fleje a la papelera en el mismo momento que se generan y no "dejarlo para luego".
  3. **Calzado de seguridad:** usar botas con suela antideslizante, además de puntera reforzada.

Atrapamientos y golpes

Por el almacén también circulan vehículos cerca de las áreas de etiquetado; además, hay maquinaria, factores ambos que pueden incurrir en los siguientes:

- **Riesgos.** Las zonas de etiquetado suelen estar cerca de zonas de paso de carretillas o integradas con maquinaria como cintas transportadoras o enfardadoras automáticas. Existe riesgo de ser golpeado por una máquina en movimiento o de meter la mano donde no se debe.
- **Medidas preventivas.** Estas medidas son:

1. **Respetar las vías de paso:** no invadir con los pies o materiales las zonas pintadas en el suelo para el tráfico de carretillas.
2. **Ser visible:** usar siempre el chaleco reflectante de alta visibilidad.
3. **No manipular máquinas en marcha:** si una etiqueta se atasca en una impresora automática o en una cinta, jamás intentes sacarla con la máquina encendida. Sigue el procedimiento de parada segura (apagar y bloquear) antes de meter la mano.

 EJEMPLO

En el apartado de riesgos específicos, hemos visto que el etiquetado conlleva peligros como los cortes, los sobreesfuerzos y la fatiga postural. A veces, en el sector del lujo o el comercio minorista, se tiende a pensar que "eso es cosa de grandes almacenes industriales", pero Marisa nos va a demostrar que no es así.

Veamos una situación real en la trastienda de su *boutique* durante la recepción de la nueva colección de bolsos de piel:

Situación: etiquetado colección de bolsos	Forma INCORRECTA de trabajar (riesgo)	Forma CORRECTA de trabajar (prevención)
1. Apertura de cajas	Marisa utiliza un **cúter escolar** básico con la hoja oxidada y totalmente sacada para rasgar el precinto rápidamente. Sujeta la caja con la otra mano, justo en la trayectoria de corte. **Riesgo:** corte profundo en la mano y daño al producto (el bolso de piel) si la hoja profundiza demasiado.	Marisa utiliza un **cúter de seguridad** con hoja retráctil automática (se esconde sola si pierde contacto). Además, corta siempre **hacia fuera** del cuerpo y lejos de la mano que sujeta la caja. **Resultado:** seguridad para el trabajador y garantía de integridad para la mercancía.

Continúa en página siguiente >>

<< Viene de página anterior

Situación: etiquetado colección de bolsos	Forma INCORRECTA de trabajar (riesgo)	Forma CORRECTA de trabajar (prevención)
2. Colocación de etiquetas (postura)	Como las cajas pesan, Marisa las deja en el suelo. Se pasa **2 horas agachada,** doblando la espalda para sacar cada bolso, etiquetarlo y volverlo a guardar. **Riesgo:** fatiga postural, dolor lumbar y riesgo alto de sufrir una lesión musculoesquelética por ejercer un sobreesfuerzo continuado.	Marisa utiliza una **mesa de trabajo** a la altura de la cintura. Sube la caja una sola vez (con la técnica correcta: espalda recta y flexionando rodillas) y realiza todo el etiquetado de pie, con la espalda erguida y los codos en ángulo de 90°. **Resultado:** ergonomía correcta y reducción de la fatiga.
3. Fijación de la etiqueta	Utiliza una pistola de navetes (para las etiquetas colgantes) haciendo fuerza excesiva con la muñeca doblada porque la aguja está despuntada. **Riesgo:** tendinitis o síndrome del túnel carpiano por movimientos repetitivos forzados.	Utiliza una pistola ergonómica, ligera y con una aguja nueva y afilada que penetra la etiqueta textil suavemente sin apenas fuerza. Realiza **micropausas** y hace estiramientos de muñeca cada 20 minutos. **Resultado:** protección de la salud articular.

La prevención no requiere inversiones millonarias. A veces, es tan sencillo como usar la herramienta adecuada (cúter de seguridad) y trabajar a la altura correcta. Esto protege tanto al trabajador como al producto exclusivo que se manipula.

 **VÍDEO**

En el apartado de herramientas hemos hablado de los **cúteres de seguridad** como la solución para evitar cortes. Pero ¿cómo funcionan exactamente? En este vídeo de *Prolaboral,* puedes ver una demostración práctica del uso de un cúter con **hoja retráctil automática.** Fíjate en cómo la hoja se "esconde" sola en cuanto pierde contacto con la caja, haciendo casi imposible que el operario se corte, incluso si se distrae. Esta es la tecnología que Marisa necesita para abrir sus cajas de Luxury & Fashion con total tranquilidad.

Continúa en página siguiente >>

<< Viene de página anterior

Haz clic en el enlace para ver cómo funciona este interesante mecanismo de seguridad:

https://redirectoronline.com/3070020301

Operario con la pierna atrapada debajo de la horquilla de una carretilla contrapesada.

2.3. Riesgos químicos y ambientales (el ambiente)

Aunque menores, también existen riesgos relacionados con los materiales que se usan en el etiquetado, entre los que nos encontramos con los siguientes:

➲ **Riesgos.** Algunos adhesivos industriales fuertes, disolventes de limpieza de etiquetas o el polvo del tóner de las impresoras láser pueden causar irritación en la piel, ojos o vías respiratorias.

◌ Medidas preventivas:

1. **Ventilación:** asegurar que la zona de trabajo tenga buena renovación de aire.
2. **Fichas de datos de seguridad (FDS):** conocer los productos químicos que se manejan (pegamentos, limpiadores) y seguir sus instrucciones.
3. **Higiene:** lavarse las manos con jabón antes de comer, beber o ir al baño, especialmente si se han manipulado adhesivos o tóner.

NOTA

A menudo se piensa que los guantes de seguridad (EPI) hacen perder tacto, lo cual sería inviable para Marisa, al manipular tejidos delicados. Sin embargo, la tecnología ha avanzado mucho.

Existen guantes de protección mecánica (norma EN 388) fabricados con fibras de alta tecnología (como el HPPE) y recubrimientos de poliuretano en la palma. Estos guantes ofrecen un nivel de protección al corte adecuado, pero tienen un calibre (galga) muy fino (tipo segunda piel). Esto permite coger una etiqueta adhesiva pequeña o notar la textura de una tela sin tener que quitarse el guante, manteniendo la protección en todo momento.

---

3. Protección medioambiental en el etiquetado

☞ HILO CONDUCTOR

La filosofía de Luxury & Fashion se basa en la sostenibilidad y el respeto por las materias primas naturales. Sin embargo, cuando Marisa mira el suelo del almacén tras una mañana de trabajo, se encuentra con una realidad incómoda: montones de papel siliconado (el soporte de las etiquetas autoadhesivas), restos de plásticos de los precintos y cartuchos de tinta agotados de las impresoras de códigos de barras.

Continúa en página siguiente >>

<< Viene de página anterior

Marisa sabe que sus clientes valoran el compromiso ecológico de la marca. No puede permitirse que la gestión de residuos en el almacén contradiga la imagen de su escaparate. Por ello, se plantea: ¿cómo puede gestionar todos estos desechos del etiquetado de forma responsable? Es hora de integrar la protección medioambiental en la rutina diaria de la *boutique*.

Como profesionales del siglo xxi, no podemos ignorar el impacto de nuestra actividad en el medio ambiente y, por extensión, sobre nuestra salud y calidad de vida. La actividad de etiquetado genera una cantidad significativa de residuos. Nuestra responsabilidad es gestionarlos correctamente.

3.1. Principales residuos y su gestión

Los principales residuos que se generan en las tareas de etiquetado y la forma correcta de gestionar cómo deshacernos de ellos es la siguiente:

Papel soporte (*glassine* o papel cristal) y etiquetas defectuosas
- Es el residuo más voluminoso. Son los rollos de papel siliconado que quedan tras despegar las etiquetas.
- Aunque parece papel, a menudo no se puede reciclar en el contenedor azul normal debido a la silicona y los restos de adhesivo. Debe depositarse en los contenedores específicos de *residuos industriales no peligrosos* (banales) que la empresa tenga contratados con un gestor autorizado. Ante la duda, consulta siempre al responsable de gestión de residuos de la empresa.

Cartón y plástico de embalaje
- Son las cajas donde vienen los rollos de etiquetas y el film retráctil o flejes que quitamos.
- Estos SÍ son reciclables. El cartón al contenedor azul (o prensa de cartón del almacén) y el plástico (film, flejes) al contenedor de plástico industrial (amarillo en ámbito urbano o específico en la empresa).

Continúa en página siguiente >>

<< Viene de página anterior

Cartuchos de tóner y tinta de impresoras
- Son residuos peligrosos o de manejo especial debido a los componentes químicos del polvo de tóner o las tintas.
- Nunca hay que arrojarlos a la basura normal. Deben depositarse en contenedores específicos para consumibles de impresión (tóners) para que un gestor autorizado los recoja y los recicle o regenere de forma segura.

Restos de adhesivos o disolventes
- Si se usan botes de pegamento industrial o limpiadores de etiquetas, los envases vacíos o los trapos manchados pueden considerarse *residuos peligrosos*.
- Deben ir al contenedor de residuos peligrosos correspondiente (bidones rojos o señalizados) según el plan de gestión ambiental de la empresa.

La **regla de las 3R** (reducir, reutilizar, reciclar) también se incorpora a las labores de etiquetado. Para ello, podemos imprimir solo las etiquetas necesarias, con lo que evitaremos desperdiciar etiquetas sobrantes. También podemos asegurarnos de separar correctamente cada residuo que generemos en su contenedor correspondiente. Es de vital importancia mantener la zona de trabajo limpia, ordenada y trabajar de forma sostenible.

 PARA SABER MÁS

En la *boutique* Luxury & Fashion, Marisa se ha dado cuenta de que, por cada etiqueta adhesiva que pega, tira a la basura un trozo de papel amarillo encerado. Este papel se llama *liner* o soporte siliconado.

El problema es que, debido a la silicona, este papel no se puede reciclar en el contenedor azul convencional junto con el cartón de las cajas. Es un residuo industrial complejo que requiere gestores autorizados. Para solucionar esto, la industria está avanzando hacia las etiquetas *linerless* (sin soporte), que son más ecológicas y generan cero residuos, una opción que Marisa está considerando seriamente para ser más sostenible.

Continúa en página siguiente >>

<< Viene de página anterior

Puedes acceder al siguiente enlace para descubrir el reto del reciclaje del soporte.

https://redirectoronline.com/3070020302

---

4. Equipos de protección individual (EPI) en el etiquetado

 HILO CONDUCTOR

Una vez identificados los riesgos, Marisa sabe que debe protegerse. Pero aquí surge un dilema: necesita manipular etiquetas minúsculas y tejidos delicados como la seda o el ante. ¿Cómo va a hacerlo si lleva unos guantes de seguridad gruesos y toscos?

Marisa descubre que la prevención no está reñida con la precisión. Su objetivo ahora es encontrar los equipos de protección individual (EPI) adecuados que le ofrezcan seguridad frente a cortes o golpes, pero que a la vez le permitan mantener la sensibilidad y destreza manual que exige su trabajo artesanal. Porque en Luxury & Fashion, trabajar seguro también significa trabajar con estilo y precisión.

Los EPI son indispensables en las operaciones auxiliares de cualquier almacén, ya que constituyen la última barrera de protección entre el riesgo o peligro y el cuerpo del trabajador. Estos equipos no eliminan las posibles amenazas, pero minimizan el daño si se produce un accidente y lo más importante: pueden salvar vidas.

En la siguiente tabla, podemos ver los EPI habituales relacionados con las tareas de etiquetado:

EPI (equipo de protección individual)	Función en el etiquetado	Normativa
Calzado de seguridad (botas o zapatos)	Obligatorio en todo el almacén. Protege los pies de caídas de objetos pesados (cajas, rollos de etiquetas, un palé que se inclina) gracias a la puntera reforzada y de resbalones por su suela antideslizante.	UNE-EN ISO 20345:2022
Guantes de protección	Protegen las manos de cortes al usar cúteres o manipular flejes, de astillas en palés de madera y del contacto continuado con adhesivos. Deben ser de la talla correcta y permitir cierta destreza para despegar etiquetas.	UNE-EN 21420:2020 En específico: EN 388 (riesgos mecánicos)
Chaleco de alta visibilidad (reflectante)	Fundamental para ser visto por los conductores de carretillas elevadoras que circulan cerca de las zonas de expedición y etiquetado.	UNE-EN ISO 20471:2013
Protección ocular (gafas de seguridad)	Necesarias si se utilizan máquinas de flejado automático (riesgo de que el fleje salte) o si hay polvo en suspensión en el ambiente al manipular cartones.	UNE-EN ISO 16321-1:2021
Ropa de trabajo	Ropa cómoda pero ajustada, sin partes sueltas que puedan engancharse en la maquinaria (cintas transportadoras, etc.). Evitar pulseras, cadenas o anillos.	UNE-EN ISO 13688:2013
Casco	Protege el cráneo de posibles impactos por desplome de objetos, posibles choques circulatorios, caídas desde altura, atropellos, etc.	UNE-EN ISO 397:1995 En específico: EN 812 (golpes)

Iconos que muestran los principales EPI que se usan en un almacén.

 TAREA 3

Marisa, la dueña de la *boutique* Luxury & Fashion, se enfrenta a una de las campañas más fuertes del año. Acaba de recibir en el almacén un envío mixto que debe ser procesado y etiquetado urgentemente para salir a tienda mañana. El envío consta de:

1. 50 cajas de botas de piel modelo Valkiria. Son cajas voluminosas y pesadas. En el exterior llevan impreso el símbolo de una copa y un paraguas.
2. 200 pañuelos de seda oriental. Vienen en una caja grande, envueltos individualmente. Hay que colocarles la etiqueta de precio con una pistola de navetes. Es un trabajo minucioso que requiere mucha precisión visual.

Marisa quiere instruir a su nuevo ayudante, Álex, para que realice este trabajo garantizando tanto su propia seguridad como la integridad de los artículos de lujo.

Ayuda a Marisa a definir las instrucciones correctas para Álex respondiendo a los siguientes puntos:

1. Prevención de cortes. Álex tiene que abrir las cajas y cortar los flejes de plástico. ¿Qué herramienta de corte específica debe usar para evitar accidentes y daños al producto? ¿Qué tipo de guantes de protección (EPI) le recomendarías, teniendo en cuenta que después debe tocar la seda de los pañuelos?
2. Ergonomía en el etiquetado. El etiquetado de los 200 pañuelos va a llevar varias horas. Describe cómo debe preparar Marisa el puesto de trabajo (altura

Continúa en página siguiente >>

<< Viene de página anterior

de la mesa, iluminación) y qué pautas de organización (postura, pausas) debe seguir Álex para evitar la fatiga visual y los dolores de espalda.

 ## ACTIVIDAD COMPLEMENTARIA

3. Marisa, de Luxury & Fashion, quiere que su *boutique* sea un referente no solo en moda, sino también en bienestar laboral y sostenibilidad. Se ha dado cuenta de que en su almacén se acumulan muchos residuos de etiquetas y que su equipo se queja de dolor de muñecas tras las campañas de rebajas.

Investiga en internet y propón tres soluciones concretas para su nuevo protocolo de seguridad y sostenibilidad.

----

5. Resumen

Las medidas de prevención de riesgos laborales en el almacén y su correcta aplicación pueden evitar muchos accidentes e incluso salvar vidas. En los entornos de trabajo del área de logística y almacenaje, son imprescindibles, además de obligatorias, ya que están reguladas de forma muy estricta por las normas ISO específicas para cada caso.

Las medidas PRL fundamentales relacionadas con las labores de etiquetado que debemos establecer como rutina diaria son:

1. **La seguridad es lo primero.** Ninguna urgencia por etiquetar un pedido justifica saltarse una norma de seguridad o adoptar una postura peligrosa.
2. **Ergonomía.** Cuida tu espalda y tus articulaciones. Aplica la higiene postural (flexionar rodillas, no doblar cintura) al etiquetar zonas bajas para evitar lesiones graves y usa ayudas mecánicas siempre que puedas. Rota las tareas con otros compañeros para evitar las lesiones por repetición de movimientos y sobrecargas musculares.
3. **Orden + limpieza = seguridad.** El papel soporte de las etiquetas en el suelo es una trampa de resbalones. Mantén tu zona de trabajo impecable y tira los residuos al instante.

4. **Herramientas seguras.** Usa solo cúteres de seguridad retráctiles y guantes adecuados para evitar cortes profundos con unas hojas tan afiladas.
5. **Uso de EPI.** El calzado de seguridad, el chaleco reflectante, el casco y los guantes no son opcionales, son tu armadura básica en el almacén y pueden salvarte la vida.
6. **Protección medioambiental.** Es muy importante separar correctamente los residuos: el papel siliconado no suele ser papel reciclable normal, los tóners son residuos especiales, etc. Es imprescindible seguir el plan de gestión de residuos de la empresa.

En el siguiente esquema, puedes visualizar todo el contenido de la unidad de forma rápida y sencilla:

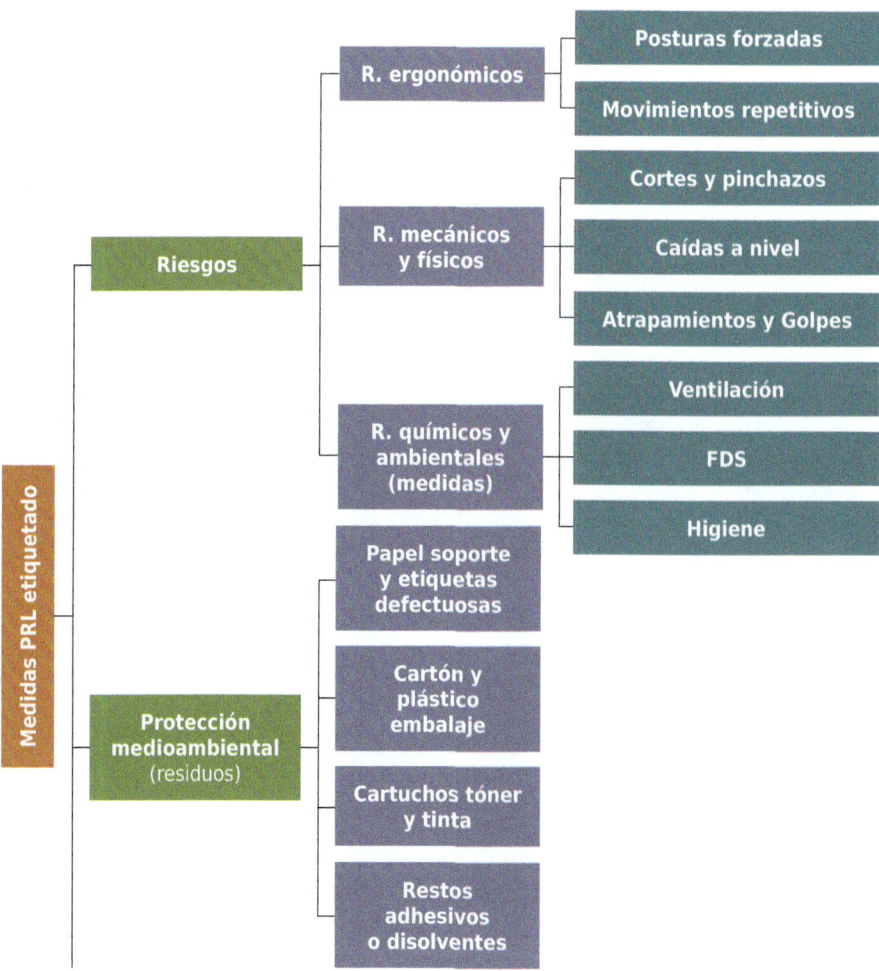

Continúa en página siguiente >>

<< Viene de página anterior

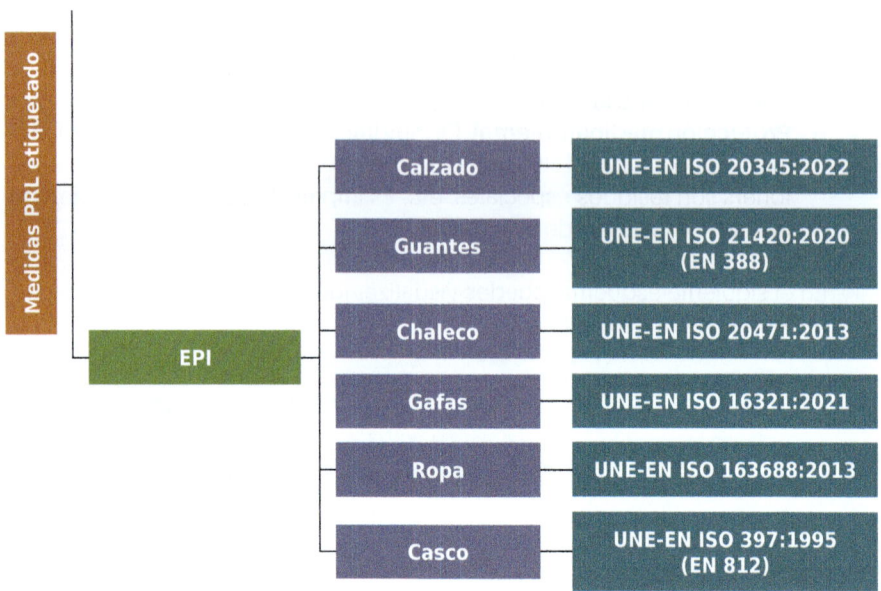

Ejercicios de autoevaluación
Unidad de Aprendizaje 3

1. **¿Cuál es el principal riesgo de accidente al que se expone un operario durante la apertura de cajas y el corte de flejes en el proceso de etiquetado?**

   a. Cortes y pinchazos por el uso de herramientas inadecuadas o en mal estado
   b. Caídas a distinto nivel
   c. Contacto eléctrico directo
   d. Exposición a ruidos nocivos

2. **En el proceso de etiquetado de cajas pesadas, como las de las botas de piel que recibe Marisa, ¿cuál es la técnica correcta de manipulación manual de cargas para evitar lesiones de espalda?**

   a. Doblar la espalda manteniendo las piernas rectas para llegar antes al suelo.
   b. Girar el tronco lateralmente mientras se sostiene el peso de la caja.
   c. Flexionar las rodillas manteniendo la espalda recta y acercar la carga al cuerpo antes de levantarla.
   d. Levantar la caja rápidamente y por encima de la altura de los hombros para acabar antes.

3. **Para evitar la fatiga postural y las lesiones de espalda durante el etiquetado manual, ¿cuál es la medida ergonómica correcta respecto a la mesa de trabajo?**

   a. La mesa debe ser muy baja para poder apoyarse sobre ella con todo el cuerpo.
   b. La mesa debe estar aproximadamente a la altura de la cintura o codos del trabajador para mantener la espalda recta.
   c. Es indiferente la altura, lo importante es trabajar sentado siempre.
   d. La mesa debe estar por encima de los hombros para mejorar la visión.

4. Al elegir unos guantes de protección (EPI) para tareas de etiquetado fino, ¿qué dos características debemos buscar en la normativa EN 388?

a. Resistencia al calor y resistencia química.
b. Resistencia al impacto y aislamiento del frío.
c. Que sean de talla única y muy gruesos.
d. Resistencia al corte y un buen nivel de destreza o tacto (galga fina).

5. En cuanto a la gestión de residuos en el etiquetado, ¿dónde debemos depositar el papel soporte siliconado *(liner)* de las etiquetas adhesivas?

a. En el contenedor de resto o gestionarlo como residuo industrial específico, ya que la silicona impide su reciclaje normal con el papel.
b. En el contenedor azul, junto con las cajas de cartón.
c. En el contenedor amarillo de envases.
d. En el contenedor de vidrio.

6. ¿Por qué el orden y la limpieza se consideran una medida preventiva fundamental en la zona de etiquetado de la *boutique*?

a. Porque ayuda a que las etiquetas se peguen mejor en las prendas.
b. Porque es un requisito estético para que la tienda se vea bonita.
c. Porque aumenta el consumo de energía de las máquinas de etiquetar.
d. Porque evita accidentes comunes como caídas, tropezones y golpes provocados por cajas acumuladas, restos de plásticos o herramientas fuera de su sitio.

7. ¿Cuál es la característica principal de un cúter de seguridad que lo diferencia de uno tradicional y previene cortes?

a. Que tiene la hoja de cerámica irrompible.
b. Que dispone de un sistema de hoja retráctil automática que se esconde en cuanto pierde contacto con el material de corte.
c. Que es mucho más grande y pesado para tener mejor agarre.
d. Que tiene una luz LED incorporada.

8. **Para prevenir los trastornos musculoesqueléticos (TME) por movimientos repetitivos en tareas como el uso de la pistola de navetes, ¿qué medida organizativa es la más eficaz?**

    a. Trabajar lo más rápido posible para terminar antes.
    b. Usar una muñequera rígida durante toda la jornada.
    c. No realizar ninguna pausa hasta completar el lote de productos.
    d. Realizar la rotación de tareas y pausas activas con estiramientos periódicos.

9. **¿Por qué es fundamental una correcta iluminación localizada en la zona de etiquetado?**

    a. Para evitar la fatiga visual y los errores de lectura al manipular referencias pequeñas.
    b. Para que las etiquetas se sequen más rápido.
    c. Para aumentar la temperatura de la zona de trabajo.
    d. Simplemente por estética del almacén.

10. **¿Qué ventaja medioambiental presentan las etiquetas *linerless* frente a las tradicionales?**

    a. Que utilizan tintas fluorescentes más visibles.
    b. Que no generan el residuo del papel soporte *(liner),* reduciendo drásticamente los desechos.
    c. Que son más gruesas y protegen mejor el producto.
    d. Que se disuelven en agua automáticamente.

Glosario

AECOC (Asociación Española de Codificación Comercial)
Representante de la organización GS1 en España, encargada de asignar los prefijos de empresa y promover el uso de estándares tecnológicos para mejorar la eficiencia de la cadena de suministro.

Alta en *stock*
Proceso mediante el cual se registra la entrada de una mercancía en la base de datos del SGA, haciendo que esté disponible digitalmente para su venta o producción.

Codificación
Proceso de asignar un código (conjunto de caracteres) a un producto o bulto para su identificación inequívoca.

Codificación automática
Sistema que aplica estándares globales (como los de GS1) para garantizar la identificación única y la lectura mediante escáneres en cualquier punto de la cadena.

Codificación no significativa
Tipo de codificación donde el código es una referencia única (aleatoria o secuencial) que no aporta información sobre las características del producto a simple vista.

Codificación significativa
Tipo de codificación donde el propio código tiene una estructura lógica que aporta información legible sobre el producto (ej. talla, color, ubicación).

Código de barras
Representación gráfica de datos numéricos o alfanuméricos mediante líneas paralelas de distinto grosor y espaciado, diseñadas para ser leídas por un escáner óptico.

Cúter de seguridad
Herramienta de corte diseñada para prevenir accidentes, habitualmente equipada con una hoja retráctil automática que se esconde cuando pierde contacto con el material.

Dígito de control
Última cifra de un código de barras (como el GTIN) calculada matemáticamente para verificar que el código ha sido leído o tecleado correctamente.

EAN-13 (European Article Number)
Simbología de código de barras utilizada para representar el código GTIN-13 en los productos de consumo que pasan por el punto de venta.

EPI (equipo de protección individual)
Cualquier equipo destinado a ser llevado o sujetado por el trabajador para que le proteja de uno o varios riesgos que puedan amenazar su seguridad o salud (ej. guantes, calzado de seguridad).

Ergonomía
Disciplina que adapta el trabajo y el entorno a las capacidades y necesidades del trabajador para evitar la fatiga y lesiones, como los trastornos musculoesqueléticos.

Etiqueta de contenido
Etiqueta cuya función principal es describir la mercancía que contiene un bulto para facilitar su identificación sin necesidad de abrirlo.

Etiqueta de manipulación
Etiqueta que contiene símbolos o instrucciones (ej. "Frágil") sobre cómo debe tratarse la mercancía para evitar daños o accidentes.

GLN (Global Location Number)
Código estándar de 13 dígitos utilizado para identificar de forma única ubicaciones físicas (almacenes, muelles) o entidades legales (empresas).

GS1-128
Simbología de código de barras lineal de alta densidad utilizada en el entorno logístico. Permite codificar información adicional (lote, fechas, peso) mediante el uso de identificadores de aplicación (IA).

GTIN (Global Trade Item Number)
Estándar de identificación de productos de GS1. Es el número único universal que identifica a un artículo comercial.

Identificador de aplicación (IA)

Prefijo numérico de 2 a 4 dígitos (ej. 10, 15, 00) utilizado en el código GS1-128 para definir el significado y formato de los datos que le siguen (ej. lote, fecha, SSCC).

Lector (escáner)

Dispositivo de *hardware* encargado de capturar la información contenida en un código de barras o etiqueta RFID y transmitirla al sistema.

Lote

Conjunto de unidades de un producto fabricadas o envasadas en circunstancias prácticamente idénticas. Su registro es fundamental para la trazabilidad.

Pictograma

Símbolo gráfico que transmite una información de seguridad (peligro) o de manipulación de forma visual y universal, sin necesidad de texto.

RFID (Radio Frequency Identification)

Tecnología de identificación que utiliza ondas de radio para transmitir datos desde un chip (etiqueta) a un lector, sin necesidad de línea de visión directa.

SGA (sistema de gestión de almacén)

Software especializado que controla, coordina y optimiza los movimientos, procesos y operativas de un almacén.

Soporte siliconado *(liner)*

Papel encerado que sirve de base para las etiquetas autoadhesivas y que se desecha tras su aplicación. Requiere una gestión de residuos específica.

SSCC (Serial Shipping Container Code)

Código seriado de la unidad de envío. Es la "matrícula" única de 18 dígitos que identifica una unidad logística (como un palé) para su seguimiento y trazabilidad.

Terminal de radiofrecuencia (RF)

Dispositivo portátil con pantalla y escáner que se comunica en tiempo real con el SGA vía wifi, permitiendo al operario recibir órdenes y confirmar tareas al instante.

Trazabilidad

Capacidad de reconstruir el historial, la utilización o la localización de un producto mediante una identificación registrada. Puede ser ascendente (hacia el origen/proveedor) o descendente (hacia el destino/cliente).

Bibliografía

Monografías

> ABELAIRA Sarmiento, G.: *Gestión básica del almacén*. Antequera: IC Editorial, 2024.

> > Un manual muy completo que explica de forma muy didáctica las actividades, funciones y áreas de un almacén para realizar las operaciones básicas del entorno logístico de forma eficaz y segura.

> INSTITUTO NACIONAL DE SEGURIDAD Y SALUD EN EL TRABAJO (INSST): *Seguridad en el almacenamiento y manipulación de cargas*. Madrid: INSST, 2022.

> > Publicación técnica actualizada que recoge los criterios clave de seguridad en almacenes, incluyendo manipulación de cargas, señalización, riesgos asociados y medidas preventivas, alineada con la normativa vigente en materia de PRL.

> SALAS Aguilera, M.: *Gestión logística. COML023PO*. Antequera: IC Editorial, 2023.

> > Manual actualizado que desarrolla los fundamentos de la logística, la gestión de almacenes y los sistemas de información asociados, incluyendo el uso de herramientas tecnológicas y la organización de las operaciones logísticas en entornos reales.

> SALAS Aguilera, M.: *Gestión logística. COML0006*. Antequera: IC Editorial, 2024.

> > Manual que aborda de forma práctica la gestión logística integral, incluyendo la organización del almacén, la toma de decisiones operativas y el control de los procesos logísticos dentro de la cadena de suministro.

Textos electrónicos

> Guía de iniciación a la codificación, de: <https://www.gs1es.org/wp-content/uploads/2016/07/Iniciacion-a-la-codificacion.pdf>.

> > Con esta guía de iniciación a la codificación, GS1 Spain tiene como objetivo ofrecer, de una manera fácil y asequible, una aproximación básica a los estándares GS1 para una correcta codificación de productos.

→ Guía de puntos críticos: calidad en simbología, de <https://www.gs1es.org/wp-content/uploads/2016/09/Guia-Puntos-Cr--ticos-en-Simbolog--a.pdf>.

Con esta guía, GS1 Spain pretende aportar al usuario conocimientos sobre cuáles son los requisitos imprescindibles que tener en cuenta a la hora de generar un código de barras, con el fin de conseguir que este pueda ser leído al primer intento en el 100 % de escáneres del mercado, y por otro, aportar conocimientos en profundidad sobre cómo está estructurada cada simbología estándar.

→ Guía iniciación a la codificación GS1-128, de: <https://www.gs1es.org/wp-content/uploads/2016/07/Inicio-a-la-codificacion-GS1-128.pdf>.

Con esta guía, GS1 Spain ofrece una formación compacta pero muy completa y útil sobre el funcionamiento de este sistema de datos: el código de barras GS1-128.

→ Guía técnica para la evaluación y prevención de los riesgos relativos a la manipulación manual de cargas, de:
<https://www.insst.es/documents/94886/203536/Guia+tecnica+para+la+evaluacion+y+prevencion+de+los+riesgos+relativos+a+la+manipulacion+manual+de+cargas+2024.pdf/1a9e4b63-97d2-ef40-6345-38828e39f249?t=1730985722268>.

Recurso clave para entender y prevenir los riesgos derivados del sobreesfuerzo, uno de los accidentes más comunes en el almacén.

→ Normativa nacional de equipos de elevación y manutención: Listado de NTP, de: <https://www.insst.es/normativa/equipos-de-trabajo/equipos-de-elevacion-y-manutencion/listado-de-ntp>.

Recoge todo el listado completo de normativas para equipos de elevación y manutención de mercancías.